解厄學

晏殊◎原著
曾珮琦◎譯註

好讀出版

避免禍患、常保平安的處世智慧

有關《解厄學》一書的作者問題，近代學者馬樹全先生認爲是北宋晏殊所作。晏殊（西元九九一年至一〇五五年），歷經眞宗與仁宗兩朝。宋太祖時期對黃老思想極爲推崇，認爲實行「清靜致政之道」，可以快速穩定朝政，大臣們也逢迎上意，對於黃老思想「清靜無爲」極爲推崇，認爲出兵討伐征戰，皆是不得已而爲之，應當引以爲戒。太宗以黃老思想教育眞宗，眞宗信仰道教，認同黃老思想的「清淨之風」。眞宗薨逝後，仁宗年幼，由劉太后垂簾聽政，延續了眞宗朝的黃老治國的理念。因此，在北宋初年政局動盪的政治背景下，開創了黃老治世的局面，而晏殊的《解厄學》正是在這種思想氛圍下產生的。

晏殊，字同叔，撫州臨川文港鄉（今南昌進賢縣）人。他的父親是著名的北宋詞人晏幾道，文學史上大多著重於晏殊在婉約詞派上的成就，對於他的思想卻很少有研究論述。他知識淵博，自幼聰穎好學，很快地就步入仕途，平步青雲。宋仁宗慶曆年間，擔任宰相，執掌軍政大權，位極人臣。他的性情剛正簡約，十分清廉節儉，這是因爲他受到黃老思想的薰陶所致。雖然目前沒有研究文獻能夠證明晏殊提倡黃老思想，但《解厄學》內容確實是受到黃老思想的影響，關於這點請容筆者在後面予以說明。

《解厄學》旨在論述，人們在待人處事上如何避免災禍臨身，而能保全自身不受到損傷的方法。厄應當解作「災禍」、「禍患」。古代官場爾虞我詐，「解厄」的目的是如何讓自身在政治的鬥爭中，可以全身而退，而不會變成政治鬥爭之下的犧牲品。這個「避免禍患降臨，常保平安」的處事態度可運用在生活的各個面向，對於晏殊自己在官場打滾的經驗來說，最重要的當然就是爲官者，如何避免小人的暗算，輔佐君王把百姓治理好，創造國泰民安的盛事。除此之外，還要能分辨誰是君子，誰是小人？要常以君子修身的準則來約束自身的行爲；了解小人的行徑與算計人心的手段，才能有效的避免被小人給暗算，不至於大禍臨頭。在現代人生活中，無論在職場上還是在學校裡，我們都應當避免鋒芒畢露，遭到同學或同事的忌妒，而被他們設計陷害。《解厄學》可以做爲生活中如何避免禍患，獲得長久的平安與幸福人生的借鑑。

要證明《解厄學》蘊含黃老思想，首先我們必須先釐清黃老思想的特質，根據邱黃海先生的研究黃老思想有四個特質：

一、養生：如何讓生命不到損傷，從生理與心理層面來說。

二、爲治：如何將國家治理好的問題。

三、以「虛靜無爲」爲基礎吸收儒、墨、名、法、陰陽等各家思想。

四、解決現實層面的問題。（參見《從「任勢爲治」說的形成論韓非思想的蛻變》）

基於以上的特質，筆者認爲《解厄學》蘊含黃老思想的理由有三：

第一，養生的觀念建立在虛靜的基礎。「厄者，人之本也。鋒者，厄之厲也。厄欲滅，才莫顯。」（藏鋒卷一）這裡明確點出災禍是人的一生難以避免的課題，造成災禍的主因是由於我們自身才能外露，而引起他人的忌妒心理，因而成爲眾矢之的，所以要避免災禍的絕佳方法就是「才莫顯」。這與《老子》所說的：「挫其銳，解其紛。」（四章）意思相近，這句話是說：削減我們自身的鋒芒，才能解開世俗的紛擾。這兩者所表示的都是一種主觀的修養境界，即在我們心中把自己的才華、精彩放下，不認爲自己有甚麼過人之處，如此才能避免遭到別人的忌恨，保全自己的生命，不會遭到他人的惡意中傷而受到傷害，這無疑是一種全身保命的養生思想。

第二，吸收儒、法兩家的思想以解決人生的災禍問題。在《解厄學》中，不斷的將君子與小人的特質相對比，認爲要避面災禍的發生，必須責己修身以成君子，同時還得防範小人的暗算。在治國方針上又是以法家的嚴刑峻法爲借鑑，例如《解厄學》認爲對治貪汙必須嚴懲，不能放任；對待壞人也必須嚴懲，不能對他們太過寬容。

第三，解決現實層面的問題。《解厄學》在治國方面比較少有論述，這點是與黃老思想的特質最大的差異之處。但《解厄學》對言行、交友以及待人處世上有較爲具體的論述，例如：「言善未必善，觀其行也。言惡未必惡，審其心也。」（向善卷八）善與惡不能光從對方的言論來判斷，還必須從他的實際行爲上來做判斷，這與法家的「循名責實」思想十分相近。「循名責實」

是要考察官職頭銜（虛名）與政績（實際行爲）是否一致，若是一致則賞，不一致則罰。基於以上三點，我們不難看出《解厄學》是在黃老思想影響底下產生的作品。

本書翻譯了《解厄學》的全文，並以歷史故事來佐證，帶領讀者了解本書的思想。筆者在原文的翻譯上，採取的是以上下文意所形成的語文脈絡來做詮釋，而非只著重於字面上的理解。因爲一個字、一個詞乃至於一句話的形成，有它獨特的語文脈絡，必須放在這個脈絡去理解，才能做出較爲貼近經典原文的詮釋。此外，本書的歷史故事是參照正史，並根據《解厄學》的思想脈絡撰寫出來的小品故事；換言之，本書是以歷史故事作爲詮釋的手段，其目的在於幫助讀者掌握《解厄學》的原文，而非是鉅細靡遺的將歷史事件的發生過程敘述一遍，因爲歷史事件有其發生的社會背景與情境脈絡，這與《解厄學》的思想脈絡不可能完全一致，爲了以歷史故事來作爲《解厄學》的思想詮釋，無可避免的會有些虛構的成份，但這是建立在不扭曲歷史的基礎之上，讀者可以放心閱讀。

解厄學

目次
CONTENTS

第一卷

藏鋒卷

厄者，人之本也。鋒者，厄之厲也。厄欲滅，才莫顯。上求賢，畢其功而志易。下求榮，成其事而意滿。不知戒惕，上下難容也。仁者不逐其名，仁貴焉。明者不戀其位，明棄焉。勇者不爭其鋒，勇斂焉。生之惟艱，何足道哉？

解厄學

原文

厄者，人之本也。鋒者，厄之厲也。

譯文

災禍，是人生的本質。顯露鋒芒的人，會使得災禍變本加厲。

事典

因才遭嫉的孫臏

孫臏是兵家孫武的後代子孫，他與龐涓是師兄弟，兩人跟隨鬼谷子學習兵法。孫臏是師兄，天份極高，沒多久就盡得鬼谷子的眞傳。龐涓雖然也勤奮好學，可是在天資上遠不及孫臏。鬼谷子時常誇獎孫臏說：「如果有一天你們二人同時出仕，以孫臏的天資才能，一定會比龐涓更受到君王的重用。」龐涓聽了這話，就開始對師兄孫臏起了嫉妒之心。龐涓一心想要一展長才，用他的功績來證明自己的才能並不亞於孫臏。

一年，恰逢魏君招攬天下賢才，龐涓得知這個消息，便辭別老師下山。臨行前，孫臏設宴為龐涓餞行。龐涓說：「師兄，何不隨我一起下山，到魏國去一展抱負呢？」孫臏說：「我覺得我的能力還不足夠，還想再跟老師學幾年兵法，既然眼前有一個好機會，那麼師弟你就先下山去吧！」龐涓說：「既是如此，那小弟便先下山，他日若能飛黃騰達，待小弟尋得適當的時機，再邀請師兄前往魏國吧！」兩人便就此約定。

龐涓到魏國去，受到魏君的重用，被封為將軍。魏君偶然聽說孫臏擅長兵法，便問龐涓說：「寡人聽聞愛卿有位師兄，也精通兵法，想請他來魏國做官，你是他的師弟，不知你這位師兄的才能和你相比，孰勝孰劣？」龐涓答：「啓稟大王，師兄的才能猶在臣之上，若他能為魏國效命，大王必定如虎添翼。」魏君聽了很高興，便派遣使者帶著禮物前往迎聘孫臏。有人對龐涓說：「將軍，你眞是糊塗啊！你怎能向大王舉薦孫臏，他若也到魏國來，那魏國還有你的一席之地嗎？」龐涓一向自卑，認為自己的才能不及孫臏，聽了此言，更加害怕孫臏到來後受到魏君的重用，會取代自己的地位。於是他便暗中派人，搶先魏國使者一步，將孫臏迎接至自己的府中。

兩人相見非常高興，互訴別後情懷，孫臏對龐涓沒有絲毫的防備之心。龐涓擔心孫臏受到魏君的重用後，地位會在自己之上，心有不甘，便對魏君說：「孫臏勾結齊國，欲對魏國不利，大王不可不防。」魏君一聽，勃然大怒，起初不信，龐涓拿出種種證據，魏君這才相信。他聽說孫臏此刻正在魏國，便派兵前去捉拿他，下令削斷其雙腿的膝蓋骨，並在他的臉上刺青，以示懲戒。孫臏從此變成殘廢之人，雙腿不能行走。他直到此時才知遭到龐涓陷害，卻爲時已晚。

人物

孫臏，戰國時齊人，生卒年不詳，兵家代表人物，是孫武的後代。孫臏姓孫，原名伯靈，因受過臏刑（一種削去膝蓋骨的刑罰），而被稱爲孫臏。他與龐涓曾是同窗，師事鬼谷子，後遭到龐涓的陷害而遭受臏刑逃往齊國。他受到齊威王的重用，被任命爲軍師，輔佐齊國大將田忌取得桂陵之戰與馬陵之戰的勝利，兩次擊垮龐涓，奠定齊國的霸業。著有《孫臏兵法》又稱《齊孫子》。

釋評

人的一生很難不遭遇禍患。天災，雖然難以避免；但人禍，才是使人苦難連連的根源。在人間世中，人際關係的好壞決定苦難的多寡。若是不懂得與人相處，很容易遭受同儕的排擠；懂得處世之道的人，則人生會順遂許多。苦難與禍患往往來自於喜歡彰顯自己的才能，處處高人一等，那便會遭來他人的妒忌。因爲自身的才能就如同耀眼的太陽，會灼傷對方的眼睛，讓他覺得自己處處不如你，矮了一截。如此一來，對方就會受到傷害，因爲他跟你在一起，榮耀沒有了，尊嚴沒有了。所以《莊子》說：「菑人者，人必反菑之。」帶給別人災難的人，別人一定會將災難奉還於你。太過於炫耀自己才能的人，就是「蓄人」，你把災難帶給對方，最後一定會遭到別人的算計，而不得善終。

在古代的官場更是如此，如果一個人老愛出風頭，則易遭人嫉妒，更甚者還會招來殺身之禍。一個人高風亮節，自以爲品行高尙，看不起那些趨炎附勢的小人，便會遭到權貴們的排擠與陷害。故事中的孫臏，僅僅因爲才能高於龐涓，便引起龐涓的嫉妒之心，而遭到陷害。所謂：「匹夫無罪，懷璧其罪。」「才能」就是價值連城的璧玉，往往會引起那些庸俗之人的嫉妒，若是不懂得掩藏自己的光芒，很容易就成了別人陷害的目標。

名人佳句

木秀於林，風必摧之。

這句話是出自三國魏人李康所著的〈運命論〉。意思是說，一棵樹高於整座樹林，那麼風必先將它吹倒。藉以比喻一個人才能太過出衆或品行太過清高的人，必定引來其他人的嫉妒，而遭受到陷害、打壓。才華，固然是值得珍視的東西，但是時常表現傑出，就等同打壓不如你的人，那麼就會容易遭到對方的陷害或中傷。因為沒有人願意做一個愚笨的人，大家都想做那個最聰明、最厲害的人，這就是有才華的人往往鬱鬱不得志，或者下場悽慘的緣故。

辭厄學

原文

厄欲滅，才莫顯。

譯文

想要消除禍患，不能讓才華顯露出來。

事典

含藏內斂的莊子

莊周是戰國時期道家學派著名的思想家，很受到當時代人的敬重，他像孔子一樣也有許多跟隨他的弟子。

有一次，莊周和弟子們在山林中散步，見到一棵很高大壯碩的樹，枝葉繁茂。一位伐木工匠只站在旁邊看。莊周的弟子感到很好奇，就問工匠說：「爲甚麼不把它砍下來呢？這棵樹這麼大，一定可以賣個好價錢。」工匠回答：「這棵樹盤根錯節，不能用尺規和繩子去丈量它，小樹枝彎彎曲曲的拉不直，無法製成家俱。依我看，這棵樹根本一文不值，就算砍下來又有甚麼用呢？」莊周的弟子就把工匠的話向老師報告。莊周說：「好險哪！這棵樹躲過了一劫。」弟子問：「這棵樹被工匠當作是廢材，難道這是件值得慶幸的事嗎？」莊周說：「這棵樹因爲沒有用處，所以逃過被砍伐的命運，得以安享天年。」

天色漸暗，莊周和弟子們下山，恰好莊周有個朋友住在附近，就想順道前去拜訪。屋主人很熱情的招待他們，並留他們在家中過夜。屋主人命童僕殺一隻雁來烹煮款待客人。童僕就問主人說：「一隻雁會叫，一隻不會叫，請問要殺哪一隻？」主人說：「殺不會叫的那一隻。」

到了第二天，弟子就請教莊周說：「我心中有個疑問，想聽聽老師您的看法？」莊周就問他是甚麼事。弟子說：「昨天山上那棵大樹，因爲無用所以逃過被砍伐的命運；主人家的雁又因不會叫所以被宰來吃；如果換成是老師，在有用與無用之間，您要如何選擇呢？」莊周笑答：「我會選擇隱藏自己的才能，不炫耀於人前。如此一來，就不會招來別人的嫉恨，而遭受陷害；也不會成爲無用的人。」

有一次，弟子隨莊周在濮水上釣魚。楚國使者遠遠而來，身後還跟著一輛載滿金銀珠寶的馬車。弟子就對莊周說：「老師，您快看，有人來找您了。」莊周繼續釣魚不理他。等到楚國使者在他面前停下，拱手作揖道：「吾國大王聽說先生頗有才幹，特命在下前來請先生到楚國擔任宰相。」弟子小聲的對莊周說：「老師，您眞是了不起啊！連楚王都聽說過您的才能，還專程派使者來聘請您，眞是有面子啊！」莊周說：「我聽說楚國有一隻神龜，已經死了三千多年，供奉在宗廟裡。如果你是這隻神龜，你是寧願死後骨頭被放在宗廟裡供奉，還是快樂的在泥巴中打滾？」弟子答：「我寧願快樂的在泥巴裡打滾。」莊子對楚國使者說：「你走吧！我寧願在山林中逍遙自在，也不願被權位名利所束縛，這才是我的志向啊！」

等到楚國使者離開，弟子又問莊周說：「老師，您有滿腹的才學，卻又不願將您的才華發揮出來，情願隱遁於山林。這難道就是您之前所說的，處於有用與無用之間嗎？」莊周說：「這還不是最圓滿的處世之道。」弟子問：「那甚麼才是最圓滿的呢？」莊周說：「心不被世俗所牽累，而能自由自在的翱翔於天地之間，這才是最好的處世之方。」後來莊周終其一身都沒出仕。

人物

莊周，戰國時宋國蒙人，生卒年不詳。曾經在蒙這個地方擔任漆園的管理員，他繼承老子的道家思想，主張逍遙處世，政治上的觀點是無為而治。他曾在南華山隱居。唐玄宗天寶初年，下詔追號爲南華眞人，《莊周》一書稱爲《南華經》或《南華眞經》。

釋評

有才華的人，要懂得將才華內斂含藏，不要事事強出頭，偶爾裝裝愚笨，這樣那些庸俗之輩才會覺得你與他們是同路人，自然不會向上級打小報告，找你的麻煩。俗語說：「槍打出頭鳥。」就是這個道理。但這並不是說要做一個無用的人；而是不要四處向人炫耀自己的才能，如此就不會引人嫉妒而遭到陷害，得以保全自身。所以莊周說：「處乎材與不材之間。」既要做一個賢德的君子，又不會因德行彰顯於外而遭受到傷害，才是絕佳的處世之道。

名人佳句

聰明難，糊塗難，由聰明而轉入糊塗，更難。

這句話是清朝的鄭板橋，本名鄭燮，在南京的江南貢院（中國古代最大的科舉考場），匾額上書「難得糊塗」四個大字，下面有一行小字註解：「聰明難，糊塗難，由聰明而轉入糊塗，更難。」作於乾隆十六年（西元一七五一年）。這句話的意思是說：「聰明雖然難得，裝糊塗也很難，最難得的是要做到心如明鏡，表現出來的行為卻是看似昏聵無能。」古代官場爾虞我詐，自古以來讀書人夢寐以求的便是金榜題名，能進入官場一展長才。可是真正進入官場後才發現，處處皆是爾虞我詐爭權奪利之輩，此時若是假裝糊塗，與貪官汙吏同流合汙，縱然內心清明，久而久之也會近墨者黑。最難得的便是：心中一片清明，表面上不得罪小人權貴，得以保全自身；在政績上又能有所作為，這才是最難能可貴的。

原文

上求賢，畢其功而志易。

譯文

在上位者求取賢才，待功成後就將能人才士廢黜。

事典

功成身退的范蠡

春秋後期，諸侯國之間互相爭戰，欲爭奪霸主的地位。

吳王闔閭聽說越王允常逝世，由他的兒子勾踐即位，認爲這是可趁之機，遂出兵討伐越國。不料卻打了敗仗，闔閭還在此役中被箭射傷右腳，告訴兒子夫差說：「不要忘記越國給我國帶來的恥辱。」沒多久就死了。

三年後，越王勾踐聽說吳王夫差日夜操練兵馬，爲的就是要替他死去的父親報仇，便想要先發制人，出兵攻打吳國。范蠡勸諫他說：「千萬不可。臣聽說兵器是不祥之物，挑起爭端是違反道德的行徑，不到萬不得已不可爲之。在暗中謀劃違反道德的事，主動挑起戰爭，這是上天所不允許的，這樣做絕對沒有好處。」勾踐不聽他的建議，說：「寡人心意已決。」他一意孤行，出兵攻打吳國。夫差聽說了，便率領精銳部隊，出兵迎擊，最後在夫椒大敗越軍。勾踐率領殘餘兵馬五千人逃往會稽。夫差率兵追擊，將越軍團團包圍。勾踐對范蠡說：「寡人很後悔當初沒有聽你的話，事已至此，該怎麼辦呢？」范蠡回答：「在此危急時刻，最重要的就是保住性命，哪怕卑躬屈膝也在所不惜。」勾踐聽從范蠡的建議，向吳國稱臣，低聲下氣，進獻許多珠寶。夫差這才赦免了勾踐，退兵回國。

勾踐也率臣民回到越國，從此發憤圖強，臥薪嘗膽，絲毫不敢忘卻戰敗的恥辱。勾踐親身耕種，夫人親手織布，廣納天下賢臣，禮賢下士，范蠡與文種是他的股肱良臣。勾踐欲將國政交給范蠡，他推卻說：「臣只擅長領兵打仗，對於國政一竅不通，大王還是把國事交給大夫文種吧！」勾踐於是把國政交給文種，范蠡則隨越王去吳國當人質。

勾踐忍辱負重，爲的就是等待時機，打敗吳國，復興越國。

夫差聽信小人的讒言，命良臣伍子胥自殺。勾踐以爲反攻的時候到了，就問范蠡說：「吳國已經殺了伍子胥，在他身邊盡是些阿諛諂媚的佞臣，現在可以出兵了嗎？」范蠡說：「再等等。」

到了第二年春天，吳王夫差在黃池大會諸侯，精兵良將都跟隨夫差前往，只剩下老弱婦孺和太子留守。勾踐又問范蠡：「能出兵了嗎？」范蠡說：「可以。」於是勾踐就率兵攻入吳國，大敗吳軍，誅殺吳國太子。此事傳入吳王夫差的耳中，他當時正在黃池與諸侯結盟，怕其他諸侯聽到這個消息，就秘密封鎖。派使臣與越國講和。四年後，越國又出兵攻打吳國，大敗吳軍。夫差派遣使者向越國投降，勾踐於心不忍，想要答應。范蠡勸勾踐說：「當初越國被吳國打敗，被吳軍包圍至會稽，當時吳國完全可以殲滅越國，卻放了越國一馬。現在情勢完全倒轉過來，難道大王您還要重蹈吳王當年的覆轍，給他們東山再起的機會嗎？」勾踐採納范蠡的建議，拒絕吳國的投降。吳王夫差自慚，後悔不聽伍子胥之言，沒有及時滅了越國，給了勾踐捲土重來的機會，最終自刎謝罪。死前，以羅帕蒙面，說：「我沒臉見吳子胥。」越王厚葬吳王，誅殺太宰伯嚭。勾踐忍辱含垢二十二年，才徹底一雪當年在會稽戰敗的恥辱。

吳國平定後，便揮軍北上，在徐州大會諸侯。周元王派遣使者，封勾踐為諸侯的盟主。

勾踐稱霸於諸侯，范蠡也被封為上將軍。范蠡知道高官厚祿，難以持久，更深知勾踐此人只能共患難，卻不能共富貴。便向勾踐辭官說：「當年，大王在會稽兵敗受辱，因為還有用到臣的地方，所以才容許臣苟延殘喘活到今日。現在大王已經一雪前恥，請大王治臣會稽兵敗之罪。」勾踐說：「寡人能夠平定吳國，復興越國，卿居功至偉，將與你共享榮耀。若不然，必定誅之。」范蠡知道不可再留，遂整理行裝，離開越國。

他到了齊國後，寫了一封信給文種，勸他不可久留越國，否則必有殺身之禍。文種看了書信之後，就稱病不上朝。佞臣便向越王勾踐進讒言，說文種欲謀反作亂。越王聽信讒言，文種遂自殺以示清白。

人物

范蠡，字少伯。春秋時期楚國宛（今河南南陽）人，與文種一同輔佐越王勾踐。越國被吳國所敗，便跟隨勾踐到吳國當人質。後來滅了吳國，范蠡被封為上將軍，他認為名利權勢太高，難以持久，便乘船到齊國去，從此退隱江湖，化名陶朱公，善於經商買賣，成為大富豪。

釋評

古代的賢臣良將，輔佐君王共謀大業。待功成之後，君王便擔心這些賢臣良將功高震主，深得民心，唯恐他們謀反，所以往往在國家平定後，便誅殺功臣。

臣子們就如同工具，一旦沒有用處了，便將之拋棄。妒嫉之心，人皆有之。人主看見臣子的威望勝於自己，便會擔心臣子會有竄權奪位的野心，為了鞏固自己的君位，只好犧牲有功之臣。越王勾踐便是這樣一個例子，他度量狹窄，見到范蠡和文種受到臣民擁戴，就起了嫉妒之心，怕他們遲早會竄權奪位，所以動了殺機。

范蠡有先見之明，早早的離開越國，文種遲了一步，否則也不會落得自盡而死的慘淡收場。

名人佳句

蜚鳥盡，良弓藏；狡兔死，走狗烹。

這句話出自司馬遷《史記‧越王勾踐世家》。意思是說：「飛鳥被射完了，弓箭就沒了用處，只能被收藏在盒子裡。兔子死光了，訓練捕捉兔子的狗就沒有用處，被烹煮吃掉。」賢臣良將輔佐君王安內攘外，功成之後，人主唯恐臣下功高震主，贏得民心會危及自身的地位，所以往往無法容忍這些功臣們，而將其誅殺。所以賢臣良將們，不應該戀棧權位，輔佐君王鞏固江山基業後，就應該早早退隱，如此才不會惹來殺身之禍。

原文

下求榮，成其事而意滿。不知戒惕，上下難容也。

譯文

在下位者追求顯赫的地位，達成目標就志得意滿。不知自我警惕，深以爲戒，君臣將會難以和諧共處。

事典

自恃有功的李義甫

李義甫因其過人的才幹，在唐太宗時代就被任命官職。高宗即位後，李義甫便深受賞識而升官，但是長孫無忌很討厭他，就上奏將他貶爲壁州（位於今四川省通江縣一帶）司馬。貶官的詔令尚未頒佈，李義甫知道此事後很惶恐，便去找許敬宗的外甥王德儉想辦法。當時的武則天還只是一個昭儀，她曾被太宗寵幸封爲才人，高宗即位後又很寵愛她。在倫常上她是高宗的父妾。太宗駕崩後，削髮爲尼，幾經波折，被高宗接入宮中，後封爲昭儀，因此時常遭受大臣們的議論。王德儉就對他說：「武昭儀深受皇上的寵愛，皇上有意要立她爲皇后，但是害怕宰相及朝野的議論，一直沒有正式提出。如果你能在這件事上向皇上提議，推波助瀾，幫助武昭儀登上后位，必能轉禍爲福。」李義甫聽了，非常高興，就代替王德儉値夜，向皇帝稟奏說：「今皇后無德，因昭儀得寵而生嫉妒之心，欲以巫術加害昭儀，這樣的女子實在不配母儀天下。今昭儀賢良淑德，貌美聰慧，臣以爲應廢后而改立昭儀，才是順應天下民心。爲此，臣不惜深夜叩閣，還請皇上恕罪。」高宗聽了非常高興，道：「卿之所奏，深得朕意，若是滿朝文武皆能像卿這般深明大義，替朕分憂就好了。」李義甫故作哀戚的說：「臣不知何處得罪了長孫大人，他向皇上奏請，要將臣貶爲壁州司馬，待詔令一下，臣便要遠離京師，就算想替皇上分憂，恐怕也心有餘而力不足。」高宗說：「朕將貶官的詔令擱置便是，卿若能促成此事，朕另有重賞。」於是賞賜李義甫珍珠一斗，讓他繼續留在京城任職。武則天在李義甫、許敬宗、王德儉等佞臣的幫助之下，順利登上皇后的寶座。至此之後，李義甫便與這些人結黨營私，替武后剷除異己，幹了不少壞事，武后權柄在握，就連高宗見了她也得畢恭畢敬。

李義甫至此平步青雲，官運亨通，仗著有武后撐腰，便肆無忌憚，橫行霸道起來。他看上一個女囚犯淳于氏，她因犯了姦淫罪而被囚禁在大理寺，李義甫貪圖她的美色，竟買通大理寺丞畢正義，暗中將她釋放，納爲小妾。這件事被大臣們知道了便上奏皇帝，高宗命大臣們徹查此事。大臣們將畢正義捉起來審問，李義甫害怕東窗事發，就逼畢正義在獄中自盡，來個死無對證。侍御史王義方在朝堂上檢舉揭發他，向高宗稟奏說：「李義甫貪贓枉法，收受賄賂，利用職權公報私仇，弄得天怒人怨，還請皇上明斷。」高宗問：「可有此事？」李義甫狡辯道：「啓稟皇上，此乃子虛烏有之事，完全是王大人栽贓陷害，萬不可聽信。」他在朝堂上大放厥詞，絲毫不把高宗放在眼裡，被高宗三次斥責，這才退下。退朝後，高宗拿著王義方的奏章去與武后商議，問她此事要如何處理。武后說：「臣妾不敢妄議朝堂之事，像李義甫這樣的人才難得，請陛下念及他曾奏請立臣妾爲后有功的份上，從輕發落。」高宗點頭，也覺得武后所言有理，不但不責罰李義甫，反而還將他屢次拔擢，加官晉爵。

李義甫越發得意忘形，行事不加檢點，更是變本加厲，依恃著武后的撐腰，就連高宗也無所畏懼。他有個「人貓」的綽號，因爲他外表柔順，實則笑裡藏刀。要是有人跟他過不去，或不順他的心意，他就會羅織罪狀，設計陷害。

有一次，高宗命他擔任選拔人才的主管官員，他就明目張膽的貪汙收賄，用人不管有才無才，只看他有錢無錢。他的家人也賣官鬻爵，有許多人紛紛送錢上門，每天門庭若市。李義甫的罪狀最終被大臣揭發，皇帝命審理機關徹查此事，果然查出李義甫許多貪贓枉法之事。高宗大怒，下詔令將他革職除名，流放嶲州。李義甫被流放前，秘密寫信給武后，央求武后救他。武后召來許敬宗，問他對此事的看法。許敬宗說：「李義甫此人行事卑劣，仗著皇上與娘娘對他的寵愛，更是變本加厲，如今他已是罪證確鑿，朝野上下都不恥他的小人行徑，臣以爲，判他流放還算是輕了。」武后點頭道：「但願經此一事，他能夠自我反省，待皇上氣消，本宮再循機召回來便是。」可惜李義甫直到死前一刻，都未能幡然悔悟，就這樣帶著憤恨而與世長辭了。

人物

李義府，瀛州饒陽（今河北省衡水市）人。唐貞觀年間，李大亮巡察劍南，頗爲賞識李義甫的才幹，便上奏表向太宗舉薦。李義甫參加太宗主持的科舉考試中選，補門下省典儀。高宗即位後，升遷他爲中書舍人，兼修國史，進弘文館學士。李義甫因上奏立武氏爲后有功，官至中書令、檢校御史大夫，後晉升爲太子賓客。後因私放女囚淳于氏，收受賄賂等罪行而被革職，流放商州，最後含恨而終。

釋評

在上位者，若只當下屬是達成目標的工具，利用完了就一腳踢開，這樣是無法得到下屬的忠心報效；在下位者，只想要晉升高位以獲得權勢與財富，一但得到了，就會沾沾自喜，變得驕縱跋扈，容易引火上身。不論上司與下屬，都應該深以爲戒，否則兩者之間是無法和諧共處的。

做下屬的本份就是替上司分憂解勞，做好職責份內的工作，而不是只想著結黨營私，拉幫結派，攀附權貴，只爲了得到更高的職位，獲得更多的財富。即便是達成目的，也會被人詬病、看不起，特別是還志得意滿，不知自己我檢討，一但有把柄落在他人手中，那便是災禍臨頭了。況且，依憑自己的功勞而爲所欲爲，狐假虎威，時間久了，人主勢必難以容忍，君上與臣下就難以和諧共處。

就像李義甫一樣，他自恃奏請立武氏爲后有功，以爲有了武后這個大靠山，即便作奸犯科，也沒人敢拿他怎麼樣。最終罪狀確鑿，所犯罪行罄竹難書，高宗與武后再也包庇不了他，就落得慘澹收場。這個就是追求名利權勢，行事又不知檢點的下場。

名人佳句

傲骨不可無，傲心不可有。無傲骨則近於鄙夫，有傲心不得為君子。

這句話出自張潮的《幽夢影》。意思是說，人不可以沒有骨氣，但卻不能有驕傲自滿。沒骨氣的人和粗鄙的莽夫無異，態度傲慢的人無法成為君子。

人生在世一定要有自己的處世原則，不能為了自身利益，不惜出賣身邊的朋友、親人，否則就會被世人所唾棄。驕傲自滿的人，總認為自己是天底下最完美的，不懂得檢討自己的缺失。認為所有人都應該巴結他、攏絡他，如果不順他的意，尋到時機，就會捅對方一刀，完全是小人行徑。

辭巵學

原文

仁者不逐其名，仁貴焉。明者不戀其位，明棄焉。

譯文

眞正有仁德的人不會去追求仁德的虛名，這樣的仁才是難能可貴。有遠見的人不會去戀棧權位，懂得在適當的時機放棄，才是眞正洞察世情的人。

事典

不爭不鬥的班倢妤

班倢妤剛選入宮不久，就受到漢成帝的寵幸，被封爲倢妤，位比上卿。

有一次，成帝要出遊，邀班倢妤共乘一輛車，卻被她推辭說：「臣妾看古時候的圖畫，聖賢的君主都有賢能的臣子隨侍在側，只有那些亡國之君，才把寵愛的姬妾帶在身邊，如果臣妾答應與陛下同乘一輛車的話，陛下豈不是和那些亡國之君很相近了嗎？」太后王政君聽說了，讚揚她說：「古時候有勸諫君王不要沉迷打獵的樊姬，現今有賢德的班倢妤。」

班倢妤以賢德揚名後宮，她經常規勸君王，要做一位聖明的君主，不可效法商紂那樣的的暴君，深得後宮妃嬪與成帝的敬重。

過了不久，趙飛燕與妹妹趙合德雙雙進宮，深得成帝寵愛，班倢妤與許皇后就逐漸失寵。但失寵的班倢妤依然恪守禮法，並沒有爲了爭寵而做一些逾越禮制的事情。衛倢妤，原名李平，是由班倢妤進獻給成帝，也被封爲倢妤，賜姓衛。衛倢妤見她失寵就問說：「在趙氏姊妹進宮前，除了皇后，妳就是最受寵愛的，如今妳的恩寵被她們搶去，難道不會心有不甘，想要搶回來嗎？」班倢妤則說：「恩寵不過是外在的虛名罷了，如浮雲一樣，風一吹就散了。不擇手段爭奪來的榮華富貴，始終難以持久，這又有甚麼好爭的呢？」衛倢妤又問：「姐姐難道就一點也不在乎被陛下冷落嗎？」班倢妤回答：「你沒見過扇子嗎？炎熱的夏天，人們常需要用扇子來搧風，所以經常帶在身邊；等到秋天一到，扇子就沒有用處，只能被收藏在盒子裡。如今的我對於陛下來說，就是沒有用處的扇子，了解這個道理，也就沒有甚麼好埋怨的。與其做個深宮怨婦，還不如做好自己的本份，孝順太后，規勸陛下，這才是一個妃嬪該做的事。」

趙飛燕姊妹出身卑賤，成帝對她們的寵愛逾越了禮制，兩姊妹爭寵的野心，也越來越大。趙飛燕想當皇后，遂誣陷許皇后與班倢妤，說她們在後宮行巫蠱之術，辱罵當今聖上。許皇后因此被廢，班倢伃也被抓起來拷問，她回答說：「臣妾聽說『生死有命，富貴在天』。修身律己都不一定能夠受到上天的眷顧，更何況是做一些邪祟之事呢？倘若鬼神有靈，又怎會聽取不忠之臣的請求呢？倘若鬼神不靈驗，那麼求神拜佛又有何用？臣妾是絕不會做這樣的事。」成帝覺得她說得很有道理，心生憐憫，賞賜黃金百斤。

后位空懸，成帝想立趙飛燕爲皇后，可是太后嫌棄她出身卑賤，又一向喜歡班倢伃的賢良淑德，便向成帝建議立班倢伃爲后。趙氏姊妹知道了，心生嫉妒。班倢伃恐怕會遭受趙飛燕姊妹的陷害，步上許皇后的後塵，便奏請到長信宮侍奉太后，獲得成帝的允許。

人物

班倢伃，樓煩（今山西寧武）人。西漢時代的才女。班固的祖姑，年輕時就有才學，擅長辭賦，成帝時選入後宮，剛開始封爲少使，不久晉升爲倢伃。名不詳，因被封爲倢伃，故後世稱爲班倢伃。著有《自悼賦》、《擣素賦》、《怨歌行》等。

釋評

眞正修身律己的仁德君子，是不會去在乎外在的虛名。別人讚揚也好，毀譽也罷，都不會損害其自身的仁德分毫。只有那些徒有仁德虛名的人，才會在乎外在的名號。想要獲得權位，不擇手段去爭奪的人，是最沒有智慧的人。因爲算計別人，最終會讓自己受到傷害，最明智的做法就是，不把權勢名利放在心上。就像班倢妤一樣，不爭不搶，反而贏得太后與的成帝的敬重，最後也保全了自身，沒有成爲宮廷爭權奪利的犧牲品。

名人佳句

夫君子之行，靜以修身，儉以養德。非淡泊無以明志，非寧靜無以致遠。

這句話出自三國蜀漢諸葛亮《誡子書》，意思是說：「君子靜心修身，簡樸培養德行。不追求名利才能表明志向，想要保全自身就不能耍心機，賣弄小聰明。」名利權勢是每個人都想要追求的，但是追求名利權勢，會讓自己失去初心，漸漸的賣弄小聰明，耍一些小手段已達到目的。然而這樣的行為卻是會讓自己置身險境，陷害別人，終有一天也會遭到別人的陷害。所以想要做一個真正的仁德君子，首先就是將名利權勢拋諸腦後，靜心修身，培養自己的品德，如此才能在紛亂的世俗中，找到安身立命之法。

解厄學

原文

勇者不爭其鋒，勇斂焉。

譯文

眞正勇敢的人，不會在別人鋒頭正盛時與他人相爭，懂得在適當的時候將勇猛收斂起來。

事典

隱忍的劉邦

秦始皇死於出巡途中，秦二世胡亥繼位，施行暴政，民不聊生。陳勝、吳廣等人在大澤（今安徽宿州東南劉村集）揭竿起義，天下英雄群起攻之。其中以項羽、劉邦兩股勢力最大。楚懷王態心是反抗秦朝的起義軍領袖，他曾說「誰先進入關中則能稱王」，劉邦先項羽一步進入關中滅秦，並且派兵把守函谷關，使得項羽部隊不得進入。

此舉惹怒項羽，劉邦將領左司馬曹無傷，意欲離間項羽與劉邦的關係，故意派人對項羽說：「劉邦想要在關中稱王，任命子嬰爲宰相，奇珍異寶已盡入囊中矣。」項羽聽了勃然大怒，說：「日夜犒勞軍士，務必擊敗沛公軍隊。」此時項羽有四十萬兵力，屯紮在新豐鴻門；劉邦只有十萬兵馬，駐紮在霸上。項羽的謀臣范增勸項羽說：「劉邦在山東的時候，貪財好色。如今入了關中，卻不取財物一分一毫，也沒臨幸任何一個婦女，可見他的志向不僅於此。我讓相士觀測他的氣運，都說他有天子的龍氣，要趁他羽翼未豐前予以追擊，切勿錯過良機，否則日後必成大患。」

項伯是項羽的叔父，一向與劉邦的謀臣張良交好，知道此事後，便星夜趕到劉邦軍營去見張良，把項羽欲殺劉邦之事告訴他，要張良跟他一起逃走。張良說：「我是劉邦的謀士，現如今主上有難，身爲臣下豈有獨自逃走之理？我必須把這件事告訴他。」張良就進入軍帳，將此事告訴劉邦。劉邦聽了以後很驚懼的說：「現在該如何是好？」張良問：「大王的兵力可以抵擋項羽的軍隊嗎？」劉邦沉默半晌，說：「我的兵力不如他，現在要怎麼辦呢？」張良說：「如今大王與項羽兵力懸殊，若是與之正面交鋒，一定打不過他，大王不妨暫且隱忍，佯裝臣服於項羽，等待時機再一舉破之。」劉邦說：「此計甚好，可是我與項羽軍中之人素不相識，要派誰去當說客好呢？」張良說：「我素來與項伯有交情，大王只要對項伯說，您不敢背叛項羽自立爲王。」劉邦問：「你是如何結識項伯的呢？」張良說：「秦朝尚未滅亡時，項伯殺了人，是臣救了他。現在事出緊急，幸好他念在過往的交情跑來告訴我。」劉邦問：「他與你誰比較年長？」張良說：「他年紀比我大。」劉邦說：「你替我請他進來，我以兄長之禮相待。」張良走出軍帳，邀請項伯進入面見劉邦。劉邦說：「我自入關中以來，金銀珠寶、官吏百姓一樣也不敢私自挪用，只爲等待項王的到來。之所以派兵把守函谷關，是怕歹人闖入盜走財寶。我日夜盼望項王駕臨，豈敢有謀反之心？還望兄長替我在項王面前多說好話。」項伯點頭答應，對劉邦說：「明天要早點來親自向項王道謝才是。」劉邦點頭應允。項伯趁夜離去，到了項羽軍中，把沛公歸順之意稟報項羽。項伯說：「劉邦率軍攻破關中，是爲你打頭陣，並非是他有私心稱王。他立下如此大的功勞，你還要殺他，這是不講義氣的行爲啊！不如善待他，放他一條生路吧！」項羽覺得他所言有理，便答應了。

第二天一早，劉邦率領百名隨從到鴻門來拜見項羽，兩人見了面，劉邦道歉說：「我與將軍合力攻打秦朝，將軍領兵在河北作戰，我在河南作戰，沒想到竟然可以比將軍早一步入關滅秦，又能在此見到將軍。現如今有小人進讒言，挑撥我與將軍的關係，實在是冤枉了我啊！」項羽說：「這是你的屬下曹無傷說的；不然，我哪裡會起了殺你的念頭呢？」項羽就留劉邦下來喝酒。項羽、項伯坐在朝東的位子，亞父范增坐在朝南的座位，劉邦坐在朝北的座位，張良站在西側隨侍。宴會開始後，范增數次以眼神示意項羽要殺劉邦，項羽都不予以理會。范增起身離座，走出營帳召來項莊，吩咐他說：「項王爲人太仁慈了，不忍心殺劉邦，你去席間舞劍，伺機刺殺劉邦。如果不這樣做的話，將來我們都會成爲劉邦的俘虜。」項莊按照范增的吩咐，進入營帳，自請舞劍，得到了項羽的許可後，項莊就拔劍出鞘，開始舞起劍來。項伯也拔劍起舞，每當項莊要刺殺劉邦時，項伯就以身體替劉邦擋劍，使項莊無法得手。

張良見事態緊急，就匆忙走出營帳，到軍門外找來候命的樊噲。樊噲問：「今天大王赴宴，情況如何了？」張良說：「大王危在旦夕矣！項莊在席間舞劍，目的就是要刺殺大王。」樊噲說：「不能再耽擱了，我就算拚了這條命也要與大王同生共死。」他帶著劍和盾強行闖入酒宴，怒氣衝天的瞪視著項羽。項羽長跪按著劍，問道：「這個人是誰？」張良說：「他是劉邦的參乘樊噲。」項羽說：「眞是個壯士啊！來人，賜酒。」樊噲喝完了酒，項羽又賞賜他豬肘子，樊噲吃完後，項羽又問他能否再飲酒。樊噲答：「我死都不怕，何況是區區的一杯酒。秦王有虎狼之心，殺人如麻，用刑殘暴，天下人皆起兵推翻。楚懷王與眾將士有言在先：『誰先滅秦攻入咸陽就能稱王』。現在劉邦率先滅秦攻入咸陽，金銀珠寶不敢取用分毫，封鎖宮門退兵霸上，等待大王前來。這才派遣士兵把守函谷關，防止有盜賊出入。如此勞苦功高，大王不但沒有賞賜劉邦，還聽小人的讒言，要誅殺有功之臣。此舉將步入秦朝滅亡的後塵，大王切不可爲之。」項羽沒有回應，只是要樊噲坐下。過了一會兒，劉邦就起來去上廁所，趁機把樊噲叫出來。劉邦說：「不辭而別，這樣做不太好吧？」樊噲說：「做大事者不拘小節，我們如今是砧板上待人宰割的魚肉，哪還故得上禮貌。」劉邦便聽樊噲的建議逃走了。

後來，項羽兵敗，被劉邦圍困在垓下，自刎。

人物

劉邦，字季，沛縣豐邑人。生於西元前二四七年，卒於西元前一九五年。漢代開國之君，在位十二年。秦朝末年，暴政嚴苛，民不聊生。劉邦在沛縣起義，當時人稱他為「沛公」。先項羽入關中，降秦王嬰，推翻秦朝暴政，與百姓父老約法三章，深得民心。後劉邦定三秦，待時機成熟，滅項羽而立為天子，國號漢，定都長安。廟號高祖。

釋評

勇敢分為兩種，第一種是匹夫之勇，第二種是內斂之勇。匹夫之勇，見到不平之事便要動用拳頭解決，若是遇到高強的對手，必定會受到傷害，所以是最下等的勇。內斂之勇，遇到事情會先平心靜氣，尋找恰當的解決方法，有時候需先向對方示弱，緩和對方的怒氣，製造出一個雙贏的局面。

故事中的劉邦就是屬於第二種的勇。他先進入關中，是因為他想稱王坐擁天下。但是面對實力比他強大的項羽，若是硬碰硬與他開戰，一定不是他的對手，說不定還會落得戰死沙場的慘淡收場。他認清局勢，先向項羽稱臣，表示自己沒有當天子的野心，先入關中完全是先為項羽打頭陣，讓項羽放鬆警惕，因此在鴻門宴時，項羽沒有下令殺他。最後讓劉邦尋得機會逃脫，在楚漢爭霸的結局中，項羽最後被迫自刎餘烏江，兵敗而亡。所以有的時候，適時的向對方示弱，並不是膽小懦弱的表現，反而才是真正勇敢的表現。

名人佳句

匹夫見辱，拔劍而起，挺身而鬥此不足為勇也。

這句話出自蘇軾的《留侯論》。意思是說：「市井小民受到侮辱，抽出佩劍，挺身向前與人決鬥，這不是真正的勇敢。」一般人對於屈辱都難以忍受，如果是手無縛雞之力的人，雖然生氣但打不過對方，只能摸摸鼻子走掉。但對於孔武有力的武士來說，一旦忍受不了屈辱，便會對對方揮劍相向。好的情況是，成功打倒對方；壞的情況是，打輸了，被對方所傷甚至被殺害。無論能否打贏，雙方必定受傷。就算自己沒受傷，打傷了人，也得接受法律的制裁，為了一時的意氣，在監牢中度日，這是最不明智的做法。

最好的做法是，無論自己是對是錯，都應先平心靜氣，思考一個萬全之策，有時候吃點小虧反而是佔便宜。不用武力解決事情，不代表膽小怕事；反之，這才是真正勇敢的表現。

原文

生之惟艱，何足道哉？

譯文

生命中充滿艱難險阻，又有甚麼好炫耀的呢？

事典

恃才傲物的孔融

東漢末年的孔融，小時候就很聰明，被世人譽爲神童。十歲那年跟隨父親來到京城。

河南尹李膺在當時夙負盛名，但怕人打擾，所以定下一個規矩，除非是有名望的人或世交，否則一概不接見。孔融很仰慕他，想要前往拜見，便想出一個主意。他來到李膺府邸門前，告訴守門的人說：「我是李大人的世交。」守門人就去稟告李膺。李膺請孔融進來，問他說：「你與我是世交嗎？」孔融回答說：「有啊！我的祖先孔子與大人的祖先李耳是師友關係，孔子曾問禮於老聃，這樣算起來的話，我和大人豈不就是世交了嗎？」在場眾人沒有不讚嘆孔融聰明的。太中大夫陳煒後來才到，在座賓客將這件事告訴他，陳煒說：「小時了了，大未必佳。」孔融馬上回言譏諷他說：「想必閣下年幼時定然聰慧過人囉！」李膺聽了大笑說：「你長大後一定能有所成就。」孔融小的時候，雖然聰穎過人，但說話不留餘地，讓陳煒無言以對。

孔融長大後，果然如李膺所說，頗具才幹，受到朝廷賞識，到朝中爲官。他自認爲才華過人，而且恪守忠孝節義，爲人正直，看到別人犯了錯，必定糾正，因而得罪權貴，導致仕途不順。但因孔融聞名天下，各路豪傑都想拉攏他。孔融的幕僚左丞祖就勸他說：「現今局勢，袁紹佔據河北，曹操爲丞相，兩人勢力都很強大，你何不選擇一方投靠呢？」孔融說：「這兩個人都想自立爲王，不是眞的想要匡扶漢室，我不願和他們同流合污。」左丞祖說：「當今亂世，想要幹一番大事就要認清局勢，像你這樣自命清高的人，又想要平定亂世，若不依附強權，根本是痴人說夢。」孔融說：「做臣子的豈可不忠不義，投靠袁紹或者曹操，與背叛漢室有何兩樣？像你這樣見風駛舵的人，我不屑與你爲伍。」孔融一怒之下就把左丞祖給殺了。

後來曹操挾天子以令諸侯，因孔融在當時很有名望，曹操想借用他的影響力來鞏固自己的地位，就徵召孔融入朝爲官。起初只是執掌修建宮室的官員，不久擢升爲少府，執掌國家稅賦。每次皇帝召他詢問時，孔融自恃才華過人，重要決策都他說了算，其餘大臣都只是掛名陪襯而已。

孔融見到不公正的事情，一定要站出來說話，無論對方是誰都毫不避忌。有次，曹操攻下鄴城，把袁紹妻女納為己有，曹操的兒子曹丕，還娶了袁紹的兒媳婦甄宓為妻。孔融看不慣此事，便寫信譏諷曹操說：「武王討伐紂王，把妲己賞賜給周公為妻。」曹操看不懂，問孔融這句話出自哪部典籍。孔融回答：「對照你現在的所作所為，當時的情況一定也差不多是那樣吧。」幕僚勸諫他說：「曹操貴為丞相，又官拜大將軍，就算行為不檢點，你也不可以直接指責他啊！」孔融說：「做臣子的職責就是指出他人的缺點，我若因曹操把持朝政，便懼怕他，像別人一樣敢怒不敢言的話，國家的未來哪裡還會有希望呢？」孔融不聽勸諫，而且還時常指責曹操的不是。曹操漸漸無法忍受孔融這種恃才傲物的性格，又因孔融名氣很大，說話有影響力，曹操怕他阻礙自己稱帝的野心，於是就命人上奏，說他圖謀不軌。孔融因此入獄，被判處死刑，斬首示眾。

人物

孔融，字文舉，東漢曲阜人。生於西元一五三年，卒於西元二〇八年。孔子二十世孫。以文學著稱於世，是建安七子之一。董卓立獻帝時，曾任北海相，世稱孔北海。後因恃才傲物，頂撞丞相曹操，最終被誣陷謀逆，被判死刑，一家皆受其株連。

釋評

人的一生或多或少都會遇到困難阻礙，這是每個人都無法避免的，所以就算我們取得一些成就，或者聰穎過人，這都沒有甚麼好值得炫耀的。相反的，如果我們自詡比別人優秀，就覺得有資格評判他人行事的對錯，那麼禍患就會找上門來。

就像孔融一樣，他自恃有才華，聰穎絕頂，爲人正直，不願與袁紹、曹操等野心家同流合汙。便當起了品德糾察隊，一看到曹操行爲操守有不檢點的地方，就毫不留情地去指責他。如果他面對的是一般小老百姓，或許不會和他計較，但是曹操權傾朝野，且生性猜疑，當然容不下像孔融這種，直言不諱、又自命清高的人。所以，在待人處世上，我們應該學習「藏鋒」，把自己的才華與傲氣收斂起來，給對方台階下，那麼人生的災禍將會減少許多。

名人佳句

直木先伐，甘井先竭。

這句話出自《莊子•外篇•山木》，意思是說：「筆直的樹先被砍伐，甘甜的井水常被人取用，所以最先枯竭。」如果做人不懂得收斂鋒芒，讓才華外露，仗著自己聰穎過人，就目中無人，那麼這種人往往會是別人對付的首要目標。這並不是說，因為怕得罪人、被別人陷害，就不力爭上游，自我放棄；而是說做人處事應當圓滑，不要與人硬碰硬，否則最先受傷將會是自己。

第二卷

隱智卷

用智者利，弄智者弊。暗用無敵，彰顯無功。不為己謀，君子之智也。莫使己虧，小人之奸也。不恕智寡，忠義失焉。

上惟忠，能次之。下為實，術次之。不明其心，厄之難止。愚者言智，愚也。智者言智，禍也。

原文

用智者利，弄智者弊。

譯文

運用智慧可以創造出有利的情勢，賣弄小聰明的人將自取其禍。

事典

貪財弄智的慕容彥超

五代後漢的武將慕容彥超，有智謀手段，可惜沒有用在正途上。他命人開了間當鋪，有人私自製造假銀，拿去當鋪典當兌換眞銀。過了很多年，當鋪的人才發現，就跟慕容彥超報告。慕容彥超剛開始很生氣，後來仔細想了一下，就告訴當鋪的人說：「這個容易辦，你在當鋪的牆上挖一個洞，把質押的金銀珠寶移往他處藏好，將現場布置得很凌亂，像遭了小偷那樣，然後上報，我就能幫你把這個賊捉到。」當鋪的人按他說的去做。慕容彥超就下令說：「我身爲父母官，卻不謹愼，導致當鋪牆被挖開，財寶被偷走，這是我管理不善。怕你們以爲是我把那些財物藏起來，限時三天之內，讓大家各自投遞文書，詳述典當物品的外觀，我自當會賠償給大家。」百姓們信以爲眞，紛紛投遞文書，最後果然抓到那個典當假銀的人。這個人在銀中間灌鐵，製成鐵胎銀，這種假銀看起來很像眞的，其實根本不値錢。慕容彥超沒有把他送交給官府，反而把這個人關起來，讓他幫自己製造假銀，用來擴充府庫，納爲己用。

周太祖郭威稱帝，常對人說：「慕容彥超這個人奸詐狡猾不可重用。」後來慕容彥超起兵叛周，周太祖御駕親征，把慕容彥超圍困在兗州城中。慕容彥超登上城樓一望，見到周太祖在敵軍的行伍之中，勢不可擋，就對他的部下們說：「你們應當爲我效忠，我府庫中金銀財寶堆積如山，如果你們替我保全這座城的話，那麼我就將這些金銀珠寶賞賜給你們，還不愁榮華富貴嗎？」就有個士兵在私底下說：「我知道侍中的銀子都是用鐵胎鑄造而成的，就算得到了，又有何用處？」這件事傳遍軍中，導致軍心渙散。不久城被攻破，慕容彥超夫妻雙雙投井自盡。等到周太祖進入城中後，查抄慕容彥超的府庫，發現鐵胎銀果然佔了七、八成。

人物

慕容彥超，五代時後漢大將，吐谷渾人，後漢高祖劉知遠是他同母異父的弟弟。因其假冒姓閻，皮膚黝黑，一臉麻子，所以被稱爲閻昆侖。年輕時擔任後唐明宗李嗣源的副官，累遷至刺史。因連坐法要被處死，劉知遠爲他求情，才得以減免刑罰，流放房州。契丹滅後晉，劉知遠在太原起兵，慕容彥超前往投奔，拜鎮寧軍節度使。周太祖郭威即位後，郭威與慕容彥超互相猜疑，後起兵反後周，兵敗而死。

釋評

人把智慧用在正當的途徑上，可以幫助我們解開難題，突破困局；但若是賣弄小聰明，爲了一己之私，徇私舞弊、貪贓枉法的話，就會自取其禍。就像慕容彥超運用智謀破案，抓到典當假銀的賊人，就是正當的運用智慧。可是他因爲貪財，而想出製造鐵胎銀來擴充自己的私產，就是把智慧用在不正當的地方，所以最後沒有士兵願意效忠於他，落得城破人亡的下場。

名人佳句

人皆養子望聰明，我被聰明誤一生。

這句話出自宋代蘇軾的〈洗兒詩〉。意思是說：太過聰明的人，反而被聰明所誤。有些人自恃聰明，便不循規蹈矩，投機取巧，藉以獲得更大的利益，最後事情敗露，反而一無所有。又有些人太過聰明，自以為是，以至於得罪權貴而不自知，最終被人陷害，落得悲慘的下場。

原文

暗用無敵，彰顯無功。

譯文

智謀暗中運用則無可匹敵，若將智謀示於人前，將收不到應有的功效。

事典

蘇秦設計張儀仕秦

張儀是戰國時代有名的謀士，和蘇秦一起跟隨鬼谷子學習治國之術，蘇秦常常跟人說：「論才能和學識，我不如張儀啊！」

張儀學業有成之後，便開始周遊列國，遊說各國諸侯，希望能得到一展長才的機會。

張儀到了楚國，跟楚國宰相喝酒。剛好這個時候，楚國丟失了一塊璧玉，楚國宰相的僕人就誣陷張儀，說：「張儀很貧窮，品行不端，一定是他偷走這塊玉。」於是楚國宰相就派人去把張儀捉起來，打他幾百杖，張儀不服，楚國宰相就把他給放了。

回到家後，他的妻子就譏笑他說：「嘻嘻！要不是你執意要讀書，遊說諸侯聘用你，怎麼會受到這種屈辱？」

張儀就伸出舌頭，對他的妻子說：「你看我的舌頭還在不在？」

他的妻子笑著說：「還在啊！」

張儀嘻皮笑臉的說：「我只要有這條三寸不爛之舌就足夠了。」

這個時候，蘇秦已經說服趙王聯合其他諸侯國一起對抗強盛的秦國，卻擔心秦國攻打諸侯國，使得合縱的盟約還沒實行就失敗。因此需要在秦國安插一個自己人，但身邊無適當的人選，這時候他想到，張儀正在尋覓良主，正好可以利用他。

蘇秦就派人去向張儀說：「你和蘇秦是同窗，素來交好，他現在已經當上趙國的宰相，你何不去請他幫你謀求一份差事？」

張儀聽後就前往趙國。到了蘇秦府邸，張儀向守門人報上姓名，在門口等待通傳，誰知等了許久都未見蘇秦出來接見。張儀本想離去，守門人卻說：「我家大人有要事出去了，臨行前吩咐我們好生招待，如果先生此時離開，大人回來會降罪於我。」

張儀聽了此話，才勉爲其難在蘇秦府上住了數日。好不容易等到蘇秦回來，蘇秦讓他坐在堂下，給他奴僕吃的飯菜，還屢次責備他說：「以你的才幹，怎麼會讓自己窮困潦倒到這種地步。只要我開口向趙王舉薦你，何愁沒有榮華富貴，只是你不值得我推薦罷了。」說完，就把張儀趕走了。張儀滿懷希望到趙國來，以爲蘇秦是自己的故交，一定會幫助他，誰知道反而受到這種侮辱，心中滿懷怨憤。

張儀心想：「蘇秦自以爲受到趙國的重用，就如此目中無人，若是有一天我飛黃騰達，便要他蘇秦好看，才能平息我心中的怨氣。放眼天下，只有強盛的秦國才能讓趙國頭疼，我就去秦國碰碰運氣吧！」張儀遂前往秦國。

蘇秦知道此事後，就告訴他的親信說：「張儀是天下少有的賢才，連我都自嘆弗如。幸好我比他先受到重用，所以可以暗中幫助他。他若是去秦國，必然受到重用。只可惜他太窮了，我怕他爲了溫飽而甘心屈居於趙國，所以故意羞辱他，激他前往秦國出仕。你替我在暗中幫他打點。」

蘇秦也稟明趙王，派給親信金幣馬車，跟隨張儀，與他住在同一間旅店，跟他套交情。他需要多少錢就給他多少，但卻不說明是誰給的。張儀這才得以順利見到秦惠王，果然受到重用。秦惠王聘他爲客卿，要他獻策討伐諸侯國。

蘇秦的親信見張儀受到秦王重用，便向他辭行。張儀說：「多虧你的幫助我才能得到秦王的重用，如今我位居人臣，才開始要報答你的恩德，怎麼這個時候說要離開呢？」

蘇秦的親信說：「慧眼識英雄的人不是在下，而是蘇秦。蘇秦擔心秦國攻打趙國而破壞合縱的計畫，認爲除了你沒人能受到秦王的重用，所以故意激怒你，暗中要在下替你打點一切，這全都是蘇秦的計謀啊！現在你已經受到重用，我的任務也達成了，我要回去覆命。」

張儀感嘆的說：「這些計謀是我爛熟於胸的，但卻沒有識破，是我不及蘇秦高明啊！現在我才剛剛被任用，怎麼會馬上攻打趙國呢？你回去幫我向蘇秦致謝，就說有他在趙國一日，我張儀就不獻策攻打趙國。」

人物

張儀，戰國時代魏國人。秦惠王的宰相，以連橫之策遊說六國，讓六國背叛蘇秦提倡的合縱盟約以依附秦國。秦惠王薨逝後，六國又聯合起來，違背與秦國的盟約。群臣進讒言說張儀的壞話，張儀便離開秦國當了魏國的宰相，一年後過世。

釋評

智謀要秘藏於胸中，不可宣之於人，否則一旦讓別人知道，就會制訂應對的方法，那麼計策就無法發揮應有的功效了。蘇秦的計謀之所以可以成功，是因爲他沒有事先告知張儀。如果他事先把計謀告知張儀的話，或許張儀就不會去秦國出仕了。

名人佳句

去智而有明，去賢而有功，去勇而有強。

這句話出自戰國時代韓非所撰寫的《韓非子‧主道篇》。意思是說：「不要將智慧表現出來才是真正的明君；不要將自己的才能表現出來，才獲得真正的功勞；不要將勇氣表現出來，才是真正的強大。」在上位者如果展現智謀，那麼當下屬的就沒有展現其才能的空間，所以在上位者應該把智謀隱藏起來，讓下屬獻智出力。在上位者不要表現得太過賢能，要懂得把才幹隱藏起來，這樣下屬才有發揮才幹的空間，否則凡事親力親為，不但會累死自己，還會讓下屬無事可做。在上位者也不應當表現得太過勇猛，否則下屬的勇猛就無從展現。下屬的成就便是在上位者的成就；下屬的功勞便是在上位者的功勞，懂得運用下屬的才能去幫自己做事，才是一個真正賢明的君主。

解危學

原文

不爲己謀，君子之智也。

譯文

不謀求一己私利，是君子的智慧。

事典

尋覓仁主的孟子

孟子是戰國時代儒家學派的思想家，他秉持孔子以仁愛治國的思想，反對諸侯國爲了一己私利而互相侵佔。在孟子那個時代，每個諸侯國都只想要富國強兵，成爲天下霸主。秦國用商鞅變法而圖強；楚、魏兩國用吳起而戰勝強敵。像孟子這樣眞正爲國爲民，希望扶持一位眞正爲人民服務，而非滿足一己私欲的君主，在當時已經很少見了。但他仍不放棄，繼續爲了實踐其政治思想遊說各國君主。他首先來到齊國，遊說齊宣王接受他的仁愛治國理念，但不被齊宣王所接受。

孟子便離開齊國，準備前往梁國，希望能獲得一展長才的機會。在石丘這個地方，他遇到宋牼。孟子就問他說：「先生要到哪裡去啊？」

宋牼回答說：「我聽說秦國和楚國即將要打仗，我要去見楚王，勸他放棄出兵；楚王聽了很不高興，我正打算去秦國說服秦王，不要攻打楚國。」

孟子就問：「你打算以何理據說服秦王呢？」

宋牼說：「我會告訴他攻打楚國對秦國不利。」

孟子聽了搖頭，然後說：「先生爲了平息戰禍而遊說秦國，這是很偉大的志向啊！可惜用的方法不對。」

宋牼不解的問：「有何不對？」

孟子說：「你不該以利益作爲說服秦王罷兵的理由。倘若秦王因爲對於秦國不利而罷兵，那麼將士、臣民乃至於父子兄弟也都會群起效仿，以後對自身不利的事情絕對不去做，那麼這個國家也離滅亡不遠了。」

宋牼說：「如果換了夫子，您會以何理據去遊說秦王呢？」

孟子說：「我會告訴秦王，出兵攻打楚國，是違背仁義道德的事情，做一個眞正爲百姓著想的君主，是絕對不可以去做的。」

宋牼聽了以後，然後笑了一下說：「夫子治國理想雖然很遠大，可惜已經落伍了，當今這個時代，每個國家都只想要稱霸天下，哪裡還管得上仁義道德呢？您如果堅持己見，不肯跟隨時代做出改變的話，那麼是沒有一個國君會聘用您出仕的。」

孟子說：「我正想去梁國碰碰運氣，我相信我會遇到一個眞正爲百姓著想的君主。」

孟子不聽從宋牼的建言，到了梁國，去晉見了梁惠王。沒想到梁惠王見到他說的第一句話，就是問：「老先生啊！你不辭千里而來，有什麼建言是對我的國家有利的嗎？」

孟子聽了直跳腳，很生氣的說：「大王，爲什麼一開口就談利益呢？還有仁義可以談啊！」

梁惠王說：「仁義可以幫助我的國家富強嗎？如先生所知，晉國是天下的強國。我敗給東方的齊國，長子也因此戰死了；又割讓七百里地給西方的秦國；南方又有楚國時常侵擾。這些敗績都是寡人的恥辱，有什麼辦法可以一雪前恥的嗎？」

孟子說：「只要大王施行仁政，減輕刑罰，降低稅收。使年輕人有閒暇可以孝順父母，友愛兄弟，如此就能抵禦秦國和楚國的堅甲利兵了。正所謂是『仁者無敵』，大王千萬不要懷疑。」

梁惠王對孟子的政見並不贊同，孟子沒有得到任用。

人物

孟子，名軻，字子輿，戰國時鄒（今山東省鄒城市）人。生於西元前三七二年，卒於西元前二八九年。儒家學派代表人物，跟隨孔子的孫子思學習儒術，闡揚孔子思想。提倡王道、重視仁義教化，輕視利益，創性善學說，後世尊稱他爲「亞聖」。著有《孟子七篇》。

釋評

眞正的君子是不會只著眼於自身利益，而會爲天下人的福祉著想。如果每個人都只做對自己有利的事情，就不會出自惻隱之心去幫助他人，那麼社會將會變得冷酷無情。而且人們會爲了自身的利益去傷害他人，以求達成目的，如此人們互相傷害，只會增加生命中的災禍與苦難。

孟子是一個有智慧的君子，他不是爲了自己的榮華富貴，而去遊說國君採納他的政見，他是爲了天下百姓謀求福祉。希望百姓能過上沒有嚴刑峻法、減輕賦稅的日子，如此就能父慈子孝，國泰民安。他不辭辛勞、不遠千里去遊說各國國君，只可惜沒有一個國君願意採納他的政見。

名人佳句

先天下之憂而憂，後天下之樂而樂。

這句話出自宋代范仲淹的《岳陽樓記》。意思是說：「天下人還沒擔憂的事情，聖賢君子就已經注意到了，等到天下人都快樂了，聖賢君子才會真正的感到快樂。」這是一種偉大的胸襟，為天下人謀求福祉，而把個人的利益放在最後。君子是不會為了謀求一己私利而不擇手段，因為他們知道只有天下百姓安樂富足了，個人才能獲得幸福快樂。

解厄學

原文

莫使己虧，小人之奸也。

譯文

小人很奸詐狡猾，不會讓自己吃虧。

事典

寧願有負於人的曹操

東漢末年漢靈帝駕崩，年幼的太子劉辯即位，由何太后臨朝聽政，依賴外戚大將軍何進的支持，年幼的劉辯並無實權。當時，宦官專政引起何進的不滿，他和袁紹密謀要將宦官黨羽誅殺，肅清朝野，何太后卻持反對意見。何進爲了逼何太后就範，就召西北軍閥董卓進京，逼迫何太后答應誅殺宦官的行動。曹操聽說此事後，就大笑說：「自古以來，宮中就需要太監服侍，但是主上不應當授之以權柄，釀成今日大禍。要懲治這些太監，只要把元兇捉起來，殺一儆百，只需一名典獄長就可以處理此事，何必要把那些將軍都召進宮裡來？搞那麼大的動靜，事情遲早會洩露，這次行動一定會失敗。」果不其然，董卓還沒入京，何進就已被宦官誅殺，宦官也隨後被袁紹給誅殺。這個時候董卓進京，將年幼的劉辯廢除貶爲弘農王，改立劉辯的弟弟劉協爲漢獻帝，獨攬朝政。京城情勢混亂，董卓想拉攏曹操，協助他穩定局面，遂上表奏請曹操爲驍騎校尉。

曹操接到朝廷頒布的任命文書時說：「董卓將來一定會滅亡，不值得爲了這種人而陪葬。」於是沒有去赴任，改名換姓，偷偷逃出洛陽。跟隨他出逃的只有幾個人，其中一人問道：「你逃出洛陽，董卓一定會派人追捕，現在該如何是好？」

曹操說：「我在成皋有位老朋友，也許他會看在過去的交情上收留我，現在也別無他法，只好去碰碰運氣了。」於是曹操便往成皋投奔呂伯奢。正巧呂伯奢不在家，他的五個兒子聽說他是父親的朋友，便很熱情的準備酒菜款待他。夜晚，曹操聽見碗盤碰撞的聲響，以爲他們要把自己抓起來獻給官府領賞，便趁夜把呂伯奢一家都殺害了。之後曹操見到碗盤跌碎在地，這才知道誤會了他們，事後雖然有些懊悔，但他對跟隨的人說：「寧願我負別人，也不要讓人負我。」

人物

曹操，字孟德，小字阿瞞，東漢沛國譙（今安徽省亳縣）人。是三國時期稱霸一方的梟雄，爲人權變狡詐，在文學上頗有造詣。擊退黃巾，討伐董卓，逐漸剷除當時的梟雄勢力。曹操在世時官至丞相，爵至魏王。後卒於洛陽，其子曹丕稱帝後，追謚武帝，廟號太祖。

釋評

小人行事不似君子遵守教條規範，他們爲了達到自己的目的而不擇手段，寧願傷害別人，也不肯讓自己吃虧。小人往往打著正義的旗號，去做傷天害理的事，還振振有辭的說自己是替天行道，他們是不會意識到自己的錯誤，只會把罪責推咎到他人身上。不懂得自我檢討，一錯再錯，就是小人最終走向滅亡的原因。曹操是一代梟雄，當他發現誤殺呂伯奢的兒子們時，雖有悔意，但他寧願是自己錯殺別人，也不肯給別人有一丁點傷害自己的機會。

名人佳句

謙柔卑退者，德之餘，強暴奸詐者，禍之始。

這句話出自宋代林逋《省心錄》。意思是說：「有德行修養的人，往往懂得謙虛；恃強凌弱，奸詐陰險的人，是釀成禍患的開始。」有修養的仁德君子，通常會懂得自我反省，不會自以為是，能夠謙遜的待人接物。但反觀小人，為了達到目的而不擇手段，即使傷害了別人，也會為自己找個冠冕堂皇的理由脫罪，這樣的人即便能一時的逍遙法外，終有一天會自取其禍。

解厄學

原文

不怨智寡，忠義失焉。

譯文

不怕不懂得運用智謀，最怕的是失去道義。

事典

忠義雙全的韓信

韓信在還沒有成名之前，輾轉投入項羽軍中，他屢次向項羽獻策，項羽都不採用。漢王劉邦入蜀後，韓信就從項羽軍中逃出，投入漢王麾下。受連坐法要被處斬，行刑當日，與他一起的囚犯，已有十三個人被砍頭，輪到韓信時，他就抬起頭看著執法的夏侯嬰，對他說：「大王不是想要謀取天下嗎？為何要斬像我這樣勇猛的人才？」夏侯嬰聽了他的話，感到很驚訝，看他身形魁梧，不似普通人，於是便將他釋放。

夏侯嬰和他深談了一番，覺得他是個人才，便將他推薦給劉邦，劉邦並不覺得他有何過人之處，隨便封他一個掌管生產軍糧的小官。丞相蕭何和韓信聊了幾次，蕭何也覺得他是個人才，便對他青眼有加。韓信覺得自己懷才不遇，便向蕭何抱怨說：「我逃離楚軍轉投漢軍，是因為聽聞漢王劉邦廣納天下賢士，可以讓我有一展長才的機會，但是我已經來了這麼久，還只是當個小官，覺得很失望。」

蕭何說：「你不必心急，我再向大王舉薦你，一定能受到重用。」

韓信等了很久，始終沒有受到劉邦的召見，便逃走了。蕭何一聽說韓信逃走，還來不及稟報劉邦，就急忙騎馬前往追趕。

有人對劉邦說：「丞相蕭何逃走了。」劉邦非常生氣，宛如失去左右手，正在懊惱時，過了一兩天，蕭何回來了，前往謁見劉邦。

劉邦又喜又怒，罵他說：「你不是逃走了嗎？又回來幹嘛？」

蕭何說：「大王誤會了，臣哪敢私自逃跑呢？臣是去追回逃跑的人。」

劉邦問：「你去追誰？」

蕭何說：「是韓信。」

劉邦又罵他說：「逃跑的將士總共有十幾人，這些人你不去追；卻跑去追一個沒沒無聞的韓信，你是隨便編造一個謊話欺騙寡人吧？」

蕭何說：「那些逃跑的只不過是普通將士，再招攬就有了，沒什麼可希罕的。可是韓信就不同了，他可是曠世奇才，全天下再也找不出第二個來。大王若是只想在漢中當一個小小的漢王便知足了，不用韓信也無所謂；但如果想要當天子坐擁江山，除了韓信無人能幫大王達成心願。」

劉邦說：「寡人當然要爭天下，豈能長久留在漢中？」蕭何說：「大王既然有此宏圖大願，就要重用韓信，這樣才能留得住他；如果不能重用他，他還是會再次逃跑的。」劉邦說：「就封他一個高級軍官吧！」

蕭何說：「韓信這樣的人才，區區一個高級軍官，還是無法留住他。」

劉邦說：「那寡人就封他爲大將，地位凌駕於所有將領之上，這樣總可以了吧？」

蕭何說：「如此甚好。」劉邦就要召見韓信任命他爲大將。

蕭何說：「大王素來傲慢無禮，任命將領如同叫小孩子一般，所以韓信才會離去。大王想要授予他大將的職位，就要另擇吉日，齋戒沐浴，做足禮數方可。」劉邦點頭答應。

聽說劉邦要拜大將，眾將士都很高興，以爲每個人都能有大將做。等到拜將當天，才知道原來只任命韓信一人，整個軍中皆爲震驚。拜將典禮結束後，劉邦就問他說：「丞相屢次向寡人推薦將軍，你有什麼計策可以助寡人謀取天下？」

韓信反問劉邦說：「現如今要爭奪天下，最強的對手可是項王？」

劉邦說：「沒錯。」

韓信問：「大王覺得論勇猛，您與項王比之如何？」

劉邦沉默許久才說：「寡人不如項王。」

韓信說：「我也覺得大王您不如項王勇猛。我曾經在項王麾下效命，深知項王爲人。楚軍所到之處，沒有不殘酷殺害的，大家都很怨恨項王，在他的淫威之下各個敢怒不敢言。一個失去民心的領導者，就算有霸王的稱號，其實也不過是外強中乾而已。大王若能反其道而行，以仁義收服民心，何愁不能擊敗項王。」

劉邦採納韓信的計策，屢戰皆捷，當時韓信受封爲齊王，劉邦的聲勢越來越浩大。楚軍大將龍且被韓信等人擊殺，項羽見形勢不妙，於是派武涉前去遊說齊王韓信，說：「現今閣下雖與漢王親厚，替他出謀劃策，身先士卒，漢王能容您活至今日，是因爲項王還未被消滅。等到項王被滅，下一個就輪到閣下您了。閣下何不背叛漢王與楚軍聯合，自己稱王而三分天下？」

韓信婉拒說：「我侍奉項王時，不過是個小官，他又不聽我的建言，不採納我的計策，所以我才叛楚歸漢。漢王待我甚厚，任命我爲上將軍，給我幾萬兵馬，對我言聽計從，所以我才有今天的顯赫地位。漢王對我深信不疑，我卻背叛他，這是不忠不義的事情，我絕對不會去做。」

人物

韓信，淮陰人。是西漢的開國功臣之一。擅長謀略、戰術，有超卓的用兵才能，替西漢立下不少汗馬功勞。助漢高祖劉邦討伐諸侯，封爲齊王，等到項羽被消滅後，因韓信功高震主，引起劉邦的猜忌，擔心他會謀反，最後被呂后與蕭何騙入宮中，以謀反的罪名將他處死。

釋評

一個人愚鈍少智，並不是最嚴重的缺陷；但若是爲人不講道義的話，就會失去他人的信任，最終導致滅亡。西楚霸王項羽，進入咸陽後，焚燒咸陽宮殿，所過之處廢墟一片，百姓怨聲載道，這是導致他失敗的主因。反觀韓信，武涉勸他背叛劉邦與楚聯合三分天下，這誘人的利益都沒使他動搖，因爲他始終記得劉邦的知遇之恩，願意爲他盡忠，這是韓信得以封爲齊王，深得劉邦重用的主因。所以，英明的君主，都會任用忠義的下屬，智慧與能力還倒是其次。

名人佳句

不義而富且貴，於我如浮雲。

這句話是孔子所說，出自《論語．述而篇》。意思是說：「要做違反道義才能得來的富貴，對我就像是浮雲一樣，不切實際。」孔子是一位真正的仁人君子，對他來說個人的富貴榮辱是次要的，一個人可以飢寒交迫，三餐不繼，可是不能沒有道義。換言之，要做違反道義之事，換來的榮華富貴也只不過是短暫的。因為一個不忠不義之徒，是不可能得到任何人的信任，一旦沒有利用價值，也就離死期不遠了。

解危學

原文

上惟忠，能次之。

譯文

在上位者取用人才，忠誠是最首要的，能力倒還在其次。

事典

忠心直諫的晏嬰

晏嬰是春秋時齊國的上大夫。他在侍奉齊莊公時，莊公並不喜歡他。有一次，莊公在喝酒時招晏嬰前來，晏嬰才剛踏進門，莊公就命人奏樂唱道：「停吧！停吧！寡人看到你興致都沒了，你來做什麼呢？」晏嬰入座，演唱歌曲的人唱了三遍，晏嬰才知道莊公在說他，於是便站起來，面向北方坐在地上。

莊公問說：「夫子你為何要坐在地上呢？」

晏嬰回答：「我聽說與人爭論時要坐在地上，現在我要與君上辯論，豈敢不坐在地上呢？」頓了頓又接著說：「我聽說，仗著人多勢眾就不講道義，依恃著自己健壯就可以傲慢無禮，喜歡勇士而討厭賢能的人，災禍一定會降臨在他身上，就是說像君上這樣的人啊！」說完，晏嬰就告退了。出來之後，他先是嘆了口氣，隨後又笑了一下。

隨從見了，不解的問：「為什麼你又嘆氣又笑呢？」

晏嬰說：「我嘆氣，是悲嘆君上遲早會惹來殺身之禍；我笑，是因為慶幸不受到君上的重用，可以免於殺身之禍。」

過了沒多久，莊公因為與崔杼的妻子私通，還把崔杼的帽冠賜給別人，此舉惹得崔杼怒火中燒，一直想找機會除掉莊公，於是假裝生病不上朝，莊公來崔杼府上探病，卻又調戲其妻。其妻和崔杼趁機把門關上，莊公抱著柱子大聲唱歌呼救。宦官賈舉攔住跟隨莊公前來的侍衛，把大門關上，崔杼的手下就拿著武器衝了出來，莊公想翻牆逃跑，卻被射中大腿從牆上摔下來，被殺死了。莊公死後，晏嬰前來弔喪，他站在崔杼的門前，隨從就問：「要為君上殉葬嗎？」

晏嬰就反問：「這難道是我一個人的君上嗎？為什麼要我死？」

隨從又問：「想離開齊國嗎？」

晏嬰問：「君上被弒難道是我一個人的責任嗎？我為何要逃走？」

隨從繼續問：「要依附嗎？」

晏嬰說：「我的君上已經死了，我還能依附誰呢？君上既不是爲了社稷百姓而死，而是因爲他私人的原因才被殺，這跟我有什麼關係，爲何我要爲這樣的君主去陪葬？況且殺他的人也是他的臣子，爲什麼該死的那個人是我？」

門開了，晏嬰走了進去，崔杼見到他就罵說：「你爲何不去死？」

晏嬰說：「這件事情從一開始我就不知情，災禍發生時我也不在場，君上死了就跟著要殉葬的臣子也不能爲國立功，我又不是他的婢女，要跟著他去死。」崔杼默不作聲，只是瞪著晏嬰。

晏嬰繼續說：「你做爲君上的臣子，就應該忠於君上，爲他出謀劃策，輔佐他成爲一代明君。而你稱病不上朝，明明有才幹卻不表現出來，又在暗地裡策畫殺害君上的行動，這樣不忠不義，難道是一個臣子應該做的嗎？依我看，要追隨君上去死的應該是你吧？」晏嬰說完，趴在莊公的屍體上大哭，站起身，跳了三次表示悲痛就出去了。

有人建議崔杼除掉晏嬰，崔杼則說：「晏嬰頗得人民的愛戴，不如放過他收買民心。」

人物

晏嬰，字仲，諡平。齊國萊地夷維人。後人尊稱他爲晏子。侍奉齊靈公、莊公、景公三任君主，他爲人素來節儉所以受到齊國百姓的愛戴。在齊國出仕期間，很少吃肉，妻妾也不穿上好的布料縫製的衣服。他時常勸諫國君，在外交上也很有手腕。

釋評

選用人才首先看重的是他的忠誠，能力倒還是其次，因爲一個不忠誠的人，就算能力再高，也不可能盡力爲上級辦事，而且還可能爲了自身的利益，出賣上級，任用不忠誠的人無疑是養一隻老虎在自己身邊，這是非常危險的。

晏嬰是一個忠君愛民的臣子，可莊公沒看清楚這一點，聽不進晏嬰的勸諫，對他心生厭惡而遠離他。而莊公身爲一國之君，卻不知自愛，與臣子的妻子私通，爲自己惹來殺身之禍。崔杼身爲臣子應當爲君盡忠，但他卻沒有做到這一點，勾結賈舉謀害莊公，就算他有再高的才能也是枉然，這樣居心叵測的人，是絕對不能信任並且將重任委託於他的。

名人佳句

雖無彪炳英雄業，卻有忠誠赤子心。

這句話是近代北京師範大學教授黃藥眠的自題對聯。意思是說：「就算沒有建立偉大的功業，只要有一顆忠誠的赤子之心就足夠了。」對於國家與領導人來說，一顆忠誠愛國的心，勝過戰功顯赫的將軍，因為愛國忠誠的人，才會真正的為國家與人民著想，而不是以自身的利益為出發點，這樣的人才會真正為社會與國家效力。戰功顯赫的人，往往自恃功勞，擁兵自重，從自身利益來考量，而罔顧人民的福祉。

解厄學

原文

下爲實，術次之。

譯文

在下位者應當重視實幹，謀略是次要的。

事典

不邀功的馮道根

南北朝時南梁的馮道根，他在擔任寧朔將軍、南梁太守時，統領阜陵的防守士兵，剛到阜陵時就開始修築城牆，派出哨兵去偵察敵情，如同敵人軍隊馬上就要殺過來一樣。大家都笑話他說：「現在根本沒有戰事，你這麼緊張做什麼呢？」

馮道根說：「大家都疏於防禦工事，只知道奮勇殺敵，說的就是你們這些人。」城牆還沒修築完畢，就遇到魏將黨法宗、傅豎眼率領兩萬兵馬，氣勢洶洶的來到城下，馮道根的護城河和堡壘尚未穩固，城中兵馬又少，大家都驚慌失措，不知該如何是好。馮道根就命人敞開城門，不疾不徐的整裝登上城門，挑選兩百名精銳，與魏軍交戰，大敗魏軍。魏人見馮道根有所防範，與他交戰又沒打贏，只好退兵。大家這才對馮道根佩服不已，並且不敢再譏笑他。

馮道根性情謹愼忠厚，平時木訥很少開口說話，他時常告誡部下說：「軍隊所過之處，千萬不可搶掠百姓的財物，也不可姦淫婦女，濫殺無辜，違者軍法論處。」所以他麾下的將士各個都很自律，凡是經過村子田野，都不敢俘虜搶劫，百姓都對他很愛戴。馮道根從來不說自己建立多少功勞，一眾將士爭先恐後誇耀自己的功勳，他只是在一旁默不作聲。

他底下的將士替他抱不平說：「大人明明立下的功勞不比其他將領少，爲什麼從來不說呢？」

馮道根說：「英明的君主自有慧眼能鑑別我立下多少功勞，何須我多言呢？」

梁武帝蕭衍與尚書令沈約談論起馮道根這個人時，說：「這個人從來不誇耀自己建立多少功勞。」

沈約說：「臣聽聞東漢有一名大將軍叫做馮異，每次眾將士紛紛誇耀自己的功勞時，他總是獨自站在樹下，從不誇耀自己的功勳。現今的馮道根就是陛下的大樹將軍啊！」

馮道根在州郡任職時，處理地方政務總是寬和治理，地方上都很太平無事，他也從來不會參與爭權奪利之事，直到他卸任後，他的部下都很懷念他。他在朝爲官時雖然地位顯貴，卻很節儉不鋪張浪費。他居住的房子沒有修建多餘的房舍，沒有服飾擺設，也沒有配置侍衛，一進去就像是清貧寒士居住的屋子。當時的百姓談論起馮道根時都說：「馮大人勤政愛民，又從不貪污收受賄賂，眞是個難得的好官。」梁武帝也一向很敬重他。

過了許多年後，馮道根再次被任命爲豫州刺史時，他即將前往上任時，梁武帝在武德殿設宴眾臣爲他餞行時，梁武帝召來畫匠，把馮道根的樣貌畫下來。馮道根覺得受寵若驚，恭敬的辭謝說：「臣能報效國家的，惟有戰死沙場而已；但如今天下太平，臣只恨無用武之地。」

豫州士兵們再次得到馮道根的領導，大家都非常高興。梁武帝也常常稱讚馮道根說：「有馮道根任職的地方，太平無事，讓朕常常忘記了還有這一個地方了。」

人物

馮道根，字巨基。廣平鄭人（今湖北老河口）。年少失怙，事母至孝，十三歲時因孝順而聞名鄉里。十六歲時湖陽戍主蔡道斑被蠻人圍困，馮道根前往救援，因爲這件事而成名。後來追隨蕭衍在襄陽起兵。天監二年，擔任寧朔將軍、南梁太守，戍守阜陵（安徽省全椒縣東南），修建護城河與城牆，後魏軍來犯，擊退魏軍。魏軍將領高祖珍率領三千騎軍在期間往來聯繫，馮道根率領一百騎兵攔截，打敗魏軍，斷其糧運，各路軍隊才撤退。馮道根升任爲輔國將軍。

釋評

下屬的職責就是做好份內的事情，份內之外的事情不應當去做，例如：爭權奪利、貪汙收受賄賂、構陷他人之事。只要把自己的職責做好，上司自然就能看得見你的功蹟，升遷加薪指日可待。至於謀略並不是最重要的，因爲精通謀略的人，往往心機深沉，這樣的人反而讓上司難以駕馭，因爲你永遠都不知道他心裡在打些什麼算盤。

馮道根就是一個務實的人，他從來不在君王面前誇耀自己的功績，只把自己份內的事情做好，誹謗讚譽對他來說都是無關緊要，這樣的人才是一個稱職的下屬，因爲他不會去爭權奪利，爲了爬到高位不惜構陷他人，任用這樣的人才，朝政才能夠得以清明，百姓才能夠安居樂業。

名人佳句

非知之艱，行之惟艱。

這句話出自孔子編訂《尚書．說命中》。意思是說：「道理了解容易，實行起來很艱難。」大家都知道實踐的重要性，但是真的要行動起來，卻不是這麼容易。以上述故事為例：防禦工事的重要性人人皆知，可是總是心存僥倖，認為敵人不會攻打過來，只有馮道根以實際行動修築護城河與城牆，這才沒有給敵軍可趁之機。真正願意做事的人，會排除一切困難，不會給自己找藉口，並且督促自己，不去理會旁人的閒言閒語，這種人才比起賣弄小聰明的人，是難能可貴的。

解厄學

原文

不明其心，厄之難止。

譯文

任用人才卻不明白他是否忠心，災禍將無窮無盡。

事典

被臣子誅殺的隱帝

後漢隱帝劉承祐即位時，任用郭威爲樞密使，權力等同宰相。李守貞、趙思綰、王景崇等將領相繼謀反，隱帝派兵圍剿未果，就召郭威前來對他說：「我有一件事想麻煩大人可以嗎？」郭威回答說：「臣不敢請求，也不敢推辭，只聽從陛下的命令。」於是加封郭威官職，命他前往征討。不久，眾叛降紛紛投降，郭威凱旋而歸。

隱帝很高興，就將玉帶賞賜給郭威，並且加官晉爵。郭威推辭說：「臣有幸帶領士兵，借漢帝的威名剿滅亂臣賊子，這哪裡是臣一個人的功勞呢？這都是滿朝文武賢能所致，對內安定朝廷，對外平定亂黨，又按時送來軍資，所以臣才能專心打仗啊！」隱帝認為郭威是賢臣，便將一眾有功將士都召來，每個人賞賜一條玉帶，郭威這才接受。

郭威的權力越來越大，宰相就向隱帝建議：「臣認為藩鎮肩負戍衛邊防的職責，不宜兼任樞密使，否則日後他若起兵造反，後果不堪設想，陛下可要三思。」隱帝一開始不以為意，沒有削去郭威的職權，後來見眾將士們日益壯大，心中不免擔憂，便與大臣密謀誅殺有功將士。不久，便將史弘肇等大臣接連誅殺，接下來就要輪到郭威。下令誅殺郭威的詔書，落到郭威手裡，郭威就把詔書藏起來，在臥室暗中召見樞密使院吏魏仁浦與他商議此事。

郭威說：「本以為陛下待我甚厚，還將玉帶賞賜予我，誰知竟下旨要殺我，這該如何是好？」

魏仁浦說：「陛下素來疑心甚重，總是猜疑臣下謀反，大人功高震主，難免引來陛下猜忌，事到如今，大人不妨起兵謀反，還能有一條生路。」

郭威點頭說：「我也正有此意，只是我一個人勢單力薄，如何與陛下軍隊抗衡？」

魏仁浦說：「我有一計，大人不妨用留守的印章，假擬一道詔書，說陛下命大人殺害眾將校，大人故意將此事洩漏給將校們知情，他們定然甘願與大人一同造反。」郭威聽從魏仁浦的建議去做，果然將校們都很憤怒，紛紛投入郭威麾下。

郭威起兵造反後，隱帝就將郭威在京師的家屬全部處死。郭威的反叛軍與慕容彥超交戰，慕容彥超戰敗，逃至兗州。隱帝親征兵敗逃至趙村，郭允明反叛。隱帝臨死前還問郭允明爲何反叛？

郭允明回答：「你這個昏君，連忠臣奸臣都分不清楚，佞臣的話你就聽信，有功的臣子反而被你誅殺，如此昏庸，誰還敢忠心爲你效命。今日我要是替你剿滅叛黨，下一個被誅殺的人就是我了。」說完，一刀刺向隱帝，結束他的帝王生涯。

人物

隱帝劉承祐，並州晉陽（今山西太原）人，沙陀族，後漢第二個皇帝。在位期間僅有三年。因猜忌大臣，誅殺有功之臣，導致郭威等人先後起兵反叛，最終被郭允明弒於趙村。

釋評

在上位者任用人才時，應該要獨具慧眼，觀察下屬的行爲來判斷他是否忠心。如果連一個人的心意都看不出來，把忠誠的下屬當成不忠；把不忠的當成忠誠，那麼禍患就永無止盡。

隱帝劉承祐就不是一位賢明的君主，有功的臣子他反而猜忌，結果逼得原本忠誠的郭威也只能起兵造反。最後隱帝被郭允明所殺，完全是他看不清臣子心之所向的結果，落得被殺的下場，也只能說是他咎由自取。

名人佳句

患生於多欲而人心難測。

這句話出自西漢司馬遷《史記・淮陰王列傳》。意思是說：「災禍是因為人的私欲無窮無盡所產生的，而人的心思是難以預料的。」每個人若是都從自身利益為出發點，想要獲得名利權勢與富貴，那麼勢必會與其他人有所衝突，為了滿足自己的私欲，有的時候就會做出傷害別人的行為。一個人是否會為了自身的利益而不擇手段，是難以預料的，因為我們無法準確的預測，每個人在不同情境下是否會做出相同的抉擇。所以想要杜絕禍患的發生，最好就是捨棄對權勢名利與富貴的追求，這樣便不會為了達成自己的目的去傷害他人。

原文

愚者言智，愚也。

譯文

愚蠢的人與他人談論才智，是愚蠢的表現。

事典

善妒的鄭袖

鄭袖是楚懷王的寵妾，有一次，魏王進獻一名美人給楚懷王，楚懷王很喜歡她，鄭袖知道楚懷王很寵愛魏美人，就向魏美人示好，挑選出最好的衣服首飾送去給她。魏美人很感激的說：「妾何德何能，得到夫人如此眷顧？」

鄭袖假裝熱情的說：「你我共同侍奉大王，大王喜歡的人，我自然也很喜歡，況且妹妹長得如此美麗，哪有人會不喜愛呢？」魏美人就與鄭袖情同姊妹。

楚懷王知道了感到很欣慰，便對鄭袖說：「夫人知道寡人喜歡魏美人，你甚至比寡人更加喜愛她，這就和孝順的兒子會奉養他的父母，忠誠的臣子會盡心的侍奉君王的道理一樣。」

鄭袖點頭說：「大王所言甚是。」她聽到楚懷王說這番話，就知道楚懷王以為她並不忌妒魏美人。

一日，鄭袖去找魏美人聊天，魏美人就問：「聽說在妾來到楚國之前，夫人是最受大王寵愛的，請問夫人有什麼秘訣可以常獲聖寵而不衰嗎？」

鄭袖便故意對她說：「大王非常喜歡你，可是討厭你的鼻子，你見到大王，要常常遮住鼻子，這樣大王才會長久的寵幸你。」魏美人並未懷疑鄭袖的話，以爲她是眞正的爲自己設想，她每次見到楚懷王，都常常以衣袖遮住鼻子。

楚懷王就疑惑的問鄭袖說：「魏美人爲何每次見到寡人就要遮住鼻子呢？」

鄭袖故意說：「我不知道。」

楚懷王再三追問，鄭袖才說：「她曾經對我說討厭大王身上的臭味。」楚懷王勃然大怒，命人把她的鼻子給割掉。侍衛就遵從楚懷王的命令，將魏美人的鼻子給割了下來。從此之後，楚懷王就只寵幸鄭袖一人。

人物

鄭袖，戰國時代楚懷王的寵妃，美貌善妒，心機深沉。佞臣靳尚與鄭袖勾結，向楚懷王進讒言，導致屈原被放逐。一說鄭袖即是南后，又有一說鄭袖與南后實際上是兩個人。

釋評

愚蠢的人因為無法看清事情的真相，判斷人心的險惡，這樣的人去與他人談論智謀是愚不可及的。因為智謀的運用想要收到預期效果，必須準確的對自身情勢做出判斷，而非只是一昧相信計策本身。如果無法對情勢做出準確的判斷，就不應當使用智謀，腳踏實地的待人處事，才是最安全的作法。

鄭袖是一個很有心計的人，她利用魏美人想要獲得楚懷王寵愛的心理，故意去跟她攀交情，使她對自己深信不疑，所以當鄭袖獻策的時候，魏美人毫不猶豫的採納了。魏美人沒有足夠的智慧去判斷鄭袖的用心，是她愚蠢的地方，她沒有看穿鄭袖的虛情假意，以為她是為自己設想，所以才會中了鄭袖的圈套。

名人佳句

世之愚拙者，妄援聖人之愚拙自解，殊不知聖人時愚時明，時巧時拙。

這句話出自周朝大夫尹喜所著的《關尹子》。意思是說：「世上愚笨拙劣的人，妄自引用聖人的愚拙事蹟為借鑒參考，殊不知聖人的愚笨和聰明是因人因事而異，遇到聰明的人則表現聰明，遇到愚笨的人則表現愚笨。」

愚笨的人因為看不清情勢，便胡亂的以聖人的計謀來依樣畫葫蘆，孰不知計謀的施展是要依據當時的情況而定，若是對情勢判斷錯誤，使用了錯誤的智謀，那麼這樣的人就是弄巧成拙的愚人了。

解厄學

原文

智者言智，禍也。

譯文

善用心計的人與他人談論智謀，將會自取其禍。

事典

以智謀遭禍的費無忌

費無忌是春秋時代楚平王的寵臣，他與太子建素來不合。楚平王想與秦國聯姻，替太子求娶秦國公主。於是就派費無忌出使秦國，他見到公主長得很美，便快馬加鞭趕回去，稟報楚平王說：「秦國公主長得美貌絕倫，嫁給太子實在太可惜了，大王不如納爲己有，再另外替太子娶一房媳婦。」楚平王聽了很高興，就採納費無忌的建議，娶了秦國公主，十分寵愛她，生了一個兒子名軫。

費無忌獻美有功，被封爲少傅。他擔心因爲此事而受到太子建的忌恨，若是有朝一日，太子即位，會殺了自己，所以就對楚平王說：「太子建因爲大王娶了秦國公主而心生不滿，雖然大王又另外爲他擇妃，但他還是對這件事耿耿於懷，認爲大王搶了他的妻子。」楚平王聽信費無忌的讒言，又加上太子建的生母是蔡國人，一向不受到楚平王的寵愛，便更加討厭他。

幾年後，就派太子建去駐守楚國的北境。費無忌仍繼續向楚平王進讒言說：「太子建有取代大王，自立爲王之意，大王不可不防。太子如今駐守邊疆，統御兵馬，對外又與各諸侯國交好，接下來就要謀權竄位了。」楚平王聽了很生氣，召來太傅伍奢，因爲此事責備他。

伍奢知道這一定是費無忌的詭計，就說：「大王爲何聽信小人的讒言，而疏遠自己的親骨肉呢？」

費無忌說：「現在如果任由太子勢力坐大，將來後悔莫及。」楚平王因爲伍奢極力反對誅殺太子建，而把他囚禁起來。另派司馬奮揚將太子建召回宮，太子建接到詔令，原本想要遵命返回宮中。

太子幕僚事先聽到風聲，便向太子說：「聽聞費無忌向大王進讒言，說太子您有謀反之意，此番若是回去恐怕兇多吉少。」

太子建聽了很惶恐，問他說：「父王召令，我遵從是死路一條；若不遵命，亦是死罪，這該如何是好？」

幕僚說：「留得青山在，不怕沒柴燒，不如您先逃走，等以後局勢穩定，再設法回國。」太子建聽從他的建議，逃往宋國。

伍奢被囚，費無忌向楚平王說：「伍奢有兩個兒子，若不殺除將成爲楚國的禍患。不如就對他們說，若他們入宮就赦免伍奢，他們爲了救父親，一定會前來，屆時大王就可趁機殺之。」

楚平王就派使者對伍奢說：「若你能寫信讓你的兩個兒子入宮，大王就可以赦免你。」

伍奢說：「伍尚最是孝順，他必定會來解救父親。伍員足智多謀，知道這是個圈套，一定不會來。」

楚平王不相信伍奢之言，派人去對伍奢的兩個兒子說：「你們若是入宮，大王就赦免你們的父親。」

伍尚聽了，就要前往，伍員就說：「大王召我們兄弟入宮，不是要赦免我們的父親，只是唯恐我們逃走，以後成爲楚國的禍患，以父親爲人質，騙我兄弟二人入宮。我們兩個若是去了，非但救不了父親，父子三人都將喪命，去了又有什麼用呢？不如逃到其他國家去，借助他國的勢力爲父報仇，這才是孝子應該做的事。」

伍尚說：「我知道就算入宮也不能救父親的性命，可是父親向我求救，身爲兒子若是不去就是不孝。我知道你說的有道理，不如我進宮赴死，如此可全孝道；而你就逃走，日後也好替我和父親報仇雪恨。」

伍尚就入宮被擒，伍員則搭弓射箭，楚王使者不敢靠近他，伍員說：「犯罪的是我的父親，擒捉他的兒子做什麼呢？」

伍員瞄準使者，作勢要射他，使者見狀趕緊逃走。伍員就逃到吳國去了。伍奢聽到這個消息，就說：「子胥逃走，楚國日後必定會有兵戎之災。」楚平王就下令把伍奢和伍尚都殺死了。

費無忌深得楚平王寵信，連宰相也對他十分信任。一次，宰相任用郤宛，很是重用他。費無忌就對宰相說：「既然你這麼喜歡郤宛，何不在他家設宴呢？」宰相覺得他這個建議很好，就命人在郤宛家準備酒宴要用的物品。

費無忌就告訴郤宛說：「宰相喜好武器，你爲了表示對宰相的敬重，在大廳和庭院陳列兵器。」

郤宛沒有懷疑費無忌的用心就照做了，宰相前往看見了，很驚訝的問：「這是要做什麼呢？」

費無忌就說：「大人趕快逃走，郤宛怕是要對大人不利啊！」宰相聽了很生氣，就拿起武器把郤宛給殺了。

等到楚平王薨逝後，太子珍繼位爲昭王。大臣們紛紛彈劾費無忌，有大臣向宰相子常進言說：「費無忌此人心機深沉，他向平王進讒言，逼得太子建逃往國外，又設計誅殺伍奢父子以及郤宛，此人詭計多端，絕不能留。」子常就誅殺費無忌以平眾人之憤，楚國上下都很高興。

人物

費無忌，春秋末期楚國少傅，《韓非子》與《左傳》作費無極。因他離間楚平王與太子建之間的感情，使得楚平王猜忌他有謀反之心，導致太子建逃至國外。又陷害伍奢父子，伍子胥逃至吳國。費無忌又設計害死了郤宛，其子伯嚭逃至吳國。這一連串的事件，造成日後吳國屢次進犯楚國的原因。

釋評

善良的人運用智謀，可以解決困境，製造契機；而心機深沉，圖謀不軌的人運用智謀，只會爲自己招來禍端。智謀並不是禍害，心術純正的人，運用智謀不僅可以爲自己創造有利的局面，還可以造福他人。但若是只從自身利益出發，爲了達到目的而不擇手段，這樣的人運用智謀就是危險的，容易招致災禍。

費無忌是個聰明的人，可惜他爲了自己的利益，一而再，再而三的構陷他人。先是離間楚平王與太子建的父子之情，後又設計殺害伍奢父子以及郤宛。他的計謀雖然一時得逞，但他樹敵太多，朝野上下對他怨聲載道，等到平王薨逝，昭王即位，他不僅失去權勢，也失去了性命。

名人佳句

智者千慮，必有一失。

這句話出自西漢司馬遷《史記‧淮陰王列傳》與《晏子春秋》。意思是說：「有智慧的人，考慮得再周密，總有失算的時候。」一個計謀無論再怎麼周詳，總有疏漏之時。如果一個人總是算計他人，那麼總有一天，他也會被別人算計。

第三卷

戒欲卷

欲大無根，心寬無恨。好之莫極，強之有咎。

君子修身，避禍也。小人無忌，授首也。一念之失，死生之別也。

治貪以嚴，莫以寬。懲淫以辱，莫以隱。伐惡以盡，莫以慈。

制欲求於德，務求於誠。悟者暢達，迷者困矣。

解色學

原文

欲大無根，心寬無恨。

譯文

放縱私欲無限擴大，則不可遏止；解消心知對私欲的執著，才能不心生怨恨。

事典

追求權勢富貴而亡的李斯

李斯生於戰國末期的楚國。他年輕的時候，當一個掌管文書的小官，在廁所看到老鼠偷吃不乾淨的食物，只要人和狗走近，牠就會驚慌失措的逃跑。李斯走進穀倉，看見穀倉裡的老鼠，吃裡面囤積的穀物，住在大屋之下，不必擔心人和狗的侵擾，可以高枕無憂。李斯就感嘆的說：

「一個人貧窮還是富貴，就和老鼠一樣，都是由環境所決定。我李斯當天立誓，將來一定要發達顯赫，做人上之人，絕對不要卑下事人。」

李斯跟隨荀子學習人主南面之術，學業已成，想找位明君來輔佐。他認爲楚王不値得侍奉，放眼六國國力日衰，沒有一個國家可以滿足他建功立業的野心，就想要到秦國去。李斯向荀子辭行說：「我跟隨老師學習輔佐帝王的治術，爲的就是有朝一日可以位極人臣，擺脫貧窮，不用再看他人的臉色過日子。現今秦王有呑併天下的野心，我想前往遊說他，若能得他重用，功名富貴，指日可待也。」

李斯到了秦國，剛好那時秦莊襄王薨逝，嬴政繼位。他就去就拜見秦國宰相呂不韋，深得呂不韋賞識，任命李斯爲郎官。李斯於是有了可以遊說秦王的機會，他對秦王說：「放眼當今六國，惟秦國國力最強，若不趁此時，剷滅其餘諸侯國，成就帝王霸業，等到其他國家強盛起來，統一天下就無望了。」秦王聽從李斯的建言，封他爲長史，職務相當於今日的幕僚長。秦王暗中派遣他拿著金銀珠寶去遊說六國。凡是能用錢財可以收買的諸侯名士，就用重金賄賂他；不能收買的，就把他殺掉。這都是李斯離間各諸侯國君臣的計策，使他們產生嫌隙，這個時候秦國再派良將前往攻打，坐收漁人之利。李斯立下不少功勞，秦王就任命他爲客卿。

就在這個時候，韓國派遣一名叫做鄭國的奸細，到秦國假借修築渠道爲名，實則欲圖謀不軌，被秦國人發覺，引發秦國宗室與大臣們的不滿。他們向秦王建言說：「其他國家前來秦國當官的人，都是爲他們的國君來當間諜，請把所有的客卿都驅逐出境。」秦王遂採納大臣們的建議，預備驅逐所有客卿。有人知道這個消息，就跑去告訴李斯說：「聽說大王要驅逐所有客卿，大人也在名單之中。大人當初來到秦國，只是想要伸展抱負，如今大人得到秦王的重用，也算了卻心願，不妨就此歸去，也不算辱沒了大人。」李斯說：「雖然我如今得以擺脫貧窮，不用再卑賤的侍奉別人，可是離我的目標還差得遠。我想得到的是僅次於帝王的權勢，如今六國尚未統一，我的目標還沒有實現，怎麼能就此放棄呢？」李斯就上書給秦王說：「昔日秦孝公用商鞅變法，得以富國強兵，諸侯都來親附，難道商鞅是秦國人嗎？許多忠臣良將，都非秦國人，可是各個都願爲秦國效忠。如果大王非秦人而不用，無疑是把人才趕到其他國家去，如此一來只會削弱秦之國力，而壯大他國，這實在不是想要一統天下的君主應有的作爲。」秦王覺得李斯所言有理，就取消了驅逐客卿的命令，李斯官復原職，秦王用他的計謀，只花了二十多年，就實現吞併天下的野心。嬴政自稱始皇帝，任命李斯爲丞相。

秦始皇三十七年十月，在出巡途中病逝，這個消息只有宦官趙高、世子胡亥與李斯等五六人知情。秦始皇死前，曾擬一道詔書，要長子扶蘇回咸陽舉行葬禮。李斯以爲皇上在出巡途中駕崩，並無指定繼位的儲君，所以秘而不宣。詔書和玉璽都由趙高保管，趙高就對公子胡亥說：「皇上駕崩，沒有擬詔封諸位皇子爲王，只賜詔書給長子扶蘇。待扶蘇一到，就即位爲皇帝，而你連半寸土地都得不到，該當如何？」胡亥說：「只能如此了。我聽說，明君知曉臣子的能力；明父了解兒子的才能。父親逝世，沒有詔書分封諸子，我還有什麼可說的。」趙高說：「話不是這樣說。當今天下的權力，掌握在你、我還有丞相之手，你如果不想受制於人，向他人稱臣的話，現在就要開始謀劃了。」胡亥說：「廢黜兄長，立弟爲君，是爲不義；不遵從父親的詔命，而貪生怕死，是爲不孝；自己無能，依靠他人的功勞而得到皇位，是爲無能。這三者皆是大逆不道的罪行，天下人也不會服從我，我自己性命難保不說，還會連累社稷傾覆。」

趙高說：「行大事者不拘小節，公子如今猶豫不決，他日必然追悔莫及，當機立斷，才能成就功業。希望你考慮清楚。」胡亥嘆口氣說：「現在陛下大行，葬禮也還未舉行，怎好以此事煩擾丞相呢？」趙高說：「現在沒時間瞻前顧後了，想要得到皇位，就得快點謀劃。」胡亥被趙高說服，終於同意。趙高說：「此事要想成功，必須要得到丞相的支持，臣替公子去說服丞相。」

趙高就對李斯說：「皇帝駕崩，賜詔書給長子扶蘇，到咸陽治喪而繼位爲新君。詔書尚未頒布，聖上就駕崩，此事無人知曉。賜予扶蘇的詔書和玉璽都在胡亥那裡，要立誰爲儲君還不是你我一句話就能決定，你認爲該當如何處理？」李斯說：「你怎麼說出這種大逆不道的話，立誰爲儲君是我們做臣子該議論的嗎？」趙高問：「丞相的功勞與蒙恬相比，誰的功勞更大？你與蒙恬二人，誰更能得到扶蘇的信任？」李斯說：「當然是蒙恬。」趙高捉準李斯貪戀權勢的心理，便說：「我入秦宮管事二十餘年，未曾見過秦國的丞相被罷免，他的子孫還能承襲爵位的，最後都是以被誅殺收場。皇帝有二十幾個兒子，長子扶蘇性格正直剛毅，崇尚武力，若是即位必定任用蒙恬爲丞相，而你將一無所有。我受詔命教導胡亥學習律法，未曾見過他有什麼過失，他慈悲仁厚，禮賢下士，眾皇子無人能比得過他，可以立爲儲君。丞相是聰明人，應當知曉哪位皇子登基，對您最爲有利。」

李斯說：「你這是要謀反哪！我只遵從皇帝的遺詔，聽天由命，還有什麼好考慮的呢？」趙高說：「貧賤與富貴只在丞相的一念之間，局勢如此，難道你還看不透嗎？」李斯說：「我原本是一介布衣，蒙皇上拔擢爲丞相，子孫皆享高官厚祿，所以才將國家安危託付予我，我豈能辜負皇上的囑託呢？」趙高說：「你若是擁戴一個凡事都聽命於你的君主，則能永享高官厚祿，子孫也能得到庇蔭。如果你今天捨胡亥而立扶蘇，那麼災禍馬上就要降臨了。是福是禍，丞相是聰明人，相信會做出正確的抉擇。」李斯就無奈的仰天長嘆，流淚說道：「唉！遭逢亂世，既然無法以死明志，何處可安身立命呢？」李斯就聽從趙高的建議，僞造秦始皇的遺詔，立胡亥爲太子。更改詔命，以戍守邊防沒有功績，以及不孝的罪名賜扶蘇自盡，以不忠的罪名賜蒙恬一死，並在詔書上蓋上皇帝的玉璽。

傳達詔命的使者到了，宣讀遺詔，扶蘇哭泣，走進屋內欲自盡。蒙恬阻止他，說：「陛下巡遊在外，尚未冊立太子，命臣率領三十萬大軍駐守邊境，公子擔任監軍，這是肩負天下安危的重責大任。現在隨便派一個使者來，就要命我等自殺，怎知這不是小人的陰謀？請您確認之後，再死也不遲。」使者在外等得不耐煩，催促了好幾次。扶蘇性情仁孝，對蒙恬說：「父親要賜兒子一死，哪裡還需要再確認呢？」於是便揮劍自刎。蒙恬不肯自盡，使者就把他交給獄吏收押囚禁起來。

使者回去向胡亥覆命，趙高、李斯等三人都很高興。他們把秦始皇的遺體運回咸陽發喪，胡亥繼位爲二世皇帝。

胡亥當了皇帝以後，施行嚴刑峻法，殺了蒙毅等一眾大臣，處死皇室宗親不計其數。又建造阿房宮，嚴苛賦稅，大量徵召繇役，百姓怨聲載道。陳勝、吳廣相繼起兵作亂。李斯多次趁機向胡亥諫言，但胡亥都不聽從，反而苛責李斯任由反賊猖獗，他位居三公之尊，卻都無法禁止。李斯擔心會危及自己的地位與富貴，所以就迎合上意，向胡亥上書說：「英明的君主應當以嚴刑峻法督促臣民，如此他們就不敢犯上作亂，爲君者就能恣意享樂，爲所欲爲。」胡亥看了很高興，於是更加嚴苛督責臣下，向人民徵收重稅的就是賢能的官員，殺人越多的就是忠臣，如此朝綱日益紊亂。趙高怕大臣向胡亥進諫彈劾他，就勸胡亥不要親臨朝政，胡亥聽信趙高之言，從此不上朝，每天在深宮之中玩樂，將朝政都交給他。

李斯對趙高獨攬大權心生不滿，傳到趙高耳裡，趙高就想設計除掉李斯，故意對他說：「關東反賊甚多，聖上又命人趕建阿房宮。我想要勸諫，無奈人微言輕。這是丞相份內之事，你爲何不進諫？」李斯說：「趙大人所言甚是，我想勸諫此事也很久了。無奈陛下不上朝，整天居住在深宮之中，我就算有心想勸諫，也沒有機會。」趙高就說：「丞相若能勸諫陛下，待陛下有閒暇時，我再通知你。」趙高就等胡亥正在設宴取樂，姬妾陪伴在身旁時，派人通知李斯說：「現在陛下有空，丞相可進宮上奏。」李斯就到宮門求見，這樣的情況發生了很多次。胡亥對此深感不滿，勃然大怒說：「朕平常有空的時候很多，丞相不來，專挑朕設宴取樂時前來晉見，丞相難道是看朕年少無知，好欺負嗎？」趙高就火上加油說：「如此就危險了！臣聽說丞相勾結亂黨，想要犯上作亂。陛下已經登基爲皇，可是丞相的權勢地位卻沒有增加。丞相的長子李由擔任三川郡守，眼見陳勝等反賊作亂卻不肯派兵攻打。臣聽說他們有文書往來，因爲沒有確鑿的證據，不敢稟告陛下。況且丞相在外，權勢遠甚於陛下，陛下不可不防啊！」

胡亥聽信趙高的話，想要派人徹查李斯，又怕官員懼怕李斯的威權不敢如實上報，派人去調查李由和反賊通信往來的證據。李斯聽到了風聲，就上書給胡亥，揭發趙高的缺失，說：「趙高代替陛下行賞罰之事，與陛下無異，陛下若是繼續放任不管，臣擔心他會犯上作亂。」胡亥不信李斯之言，反駁他說：「趙高此人不過一介宦官，而且他盡忠職守，朕若不信他，又該信誰呢？」李斯說：「陛下此言差矣。趙高只是個卑賤的奴才，沒有什麼學識，貪求無厭，權勢僅次於陛下，恐怕他的野心無窮無盡，所以臣才說危險了啊！」趙高曾說李斯有謀反之心，胡亥相信他，擔心李斯把趙高殺掉，所以偷偷去告訴他。趙高說：「丞相知道臣知悉他的陰謀，怕臣揭發他的罪行，所以才誣陷臣。臣若死，丞相便能爲所欲爲。」胡亥就說：「把李斯交給郎中令查辦。」

趙高奉命調查懲辦李斯，李斯被關在牢獄之中，仰天長嘆說：「我眞是有眼無珠啊！怎麼會擁戴這麼一個昏君繼位呢？他殘殺忠臣，重用小人，建造阿房宮，嚴苛賦稅，已經導致民怨沸騰，怨聲載道，不是我不勸諫，而是陛下根本聽不進去。現在天下已經有一半的百姓起兵造反，陛下還沒省悟，繼續重用趙高，不用多久反賊就會打到咸陽來了。」趙高奉胡亥的命令將李斯收押，說他與其子李由有謀反的嫌疑，將他的宗族和賓客全都關起來。李斯承受不住嚴刑拷打，只好招認，可是他又不死心，向胡亥上書表明自己的忠心。書信被趙高給扣押起來，趙高又僞造許多罪證，坐實李斯謀反的罪名，以此回稟胡亥。胡亥知道了，很高興的說：「要是沒有趙大人，朕差點被丞相給蒙騙了。」

秦二世二年七月，李斯被判處在咸陽市集腰斬，臨死前，他握著兒子李由的手說：「我們父子還能牽著黃狗去獵捕兔子嗎？」父子抱頭痛哭，李斯的三族都被誅殺。

人物

李斯，字通古，楚國上蔡（今河南省上蔡縣）人。年輕時跟隨荀子學習帝王治術，後來受到秦國重用，幫助秦一統六國。統一文字，向秦始皇建議焚書坑儒。最後被趙高誣陷謀反，在咸陽市集腰斬身亡。

釋評

李斯不僅追逐名利權勢，而且貪得無厭。他已經位居丞相，還是擔心若是扶蘇繼位成爲皇帝，自己會一夜之間失去所有的榮華富貴，與顯赫的身分地位，爲了一己私欲，昧著良心扶植胡亥繼位。明知胡亥只圖享樂，不管百姓疾苦，爲了保住自己的權勢地位，竟不敢直言進諫。與其說他是被趙高誣陷而死，還不如說他是死在自己的欲望和野心之下。

名人佳句

吾生也有涯，而知也無涯。以有涯隨無涯，殆已。

這句話是戰國時代的莊周所說，收錄於《莊子・養生主》。這句話的意思是說：「我的生命是有限的，但心知的欲望卻是無窮無盡。用有限的生命，去追求無止盡的欲望，是非常危險的。」人之所以會災禍不斷，是因為我們想要追逐名利權勢，為了達成這個目的而不擇手段。擁有了權勢富貴還不滿足，總想要得到更多，所以痛苦就會無窮無盡，災禍也會接連不斷。如果我們能夠靜下心來思考，人活在世間，其實不需居住豪宅，也無需吃山珍海味，出門也無需開名車，穿名牌服飾，照樣也不會挨餓受凍。物質享受之所以無窮無盡，是因為我們的欲望永遠無法被滿足，如果一直放縱私欲無限擴大，那麼為了滿足物質欲望，便會有偷搶拐騙等不擇手段的情事發生，這樣會為自己招致災禍，是很危險的。

原文

好之莫極，強之有咎。

譯文

對於喜好的東西不要過度追求，強求得來的東西必定引來禍患。

事典

不貪戀富貴的張良

秦二氏胡亥暴虐無道，天下豪傑起兵造反，劉邦率先攻入咸陽。他進入秦國宮殿後，見到金銀珠寶無數，美女數千，他就想把這些據爲己有。樊噲見到了，就勸諫他說：「大王是想得到天下，還是只想當一名富翁？」劉邦回答：「我想得到天下。」樊噲就說：「打從我進入秦宮以來，見到珠寶美女無數，這個就是秦朝之所以滅亡的原因，請大王不要眷戀這些身外之物，退出宮中，還軍霸上。」

劉邦說：「楚懷王曾說『誰先進入關中則能稱王』，現在我最先攻入咸陽，理所當然就是天子，這些金銀財寶，數千美女，都應該是屬於我的，爲什麼我要放棄？」張良就問：「大王本是一介布衣，爲何能攻入咸陽，進入秦宮？」劉邦答：「因爲胡亥暴虐無道，只顧自己享樂，全不顧及百姓死活，所以我們才起兵造反。」張良說：「大王既然是爲天下百姓除害，那爲何又要效法胡亥貪圖眼前的歡樂呢？這難道不是助紂爲虐嗎？」劉邦默然不語，張良繼續勸諫說：「臣聽說『忠言逆耳利於行，良藥苦口利於病』，樊將軍說的話固然不中聽，但都是爲了大王著想，請大王聽樊將軍之言，退出秦宮。」劉邦覺得張良所言有理，就率領軍隊退回霸上。

等到劉邦平定天下後，封賞有功之臣。劉邦對張良說：「先生雖然沒有上陣殺敵，建立軍功，但朕能得到天下，全靠先生運籌帷幄，決勝於千里之外，先生功不可沒。」張良說：「陛下乃天命所歸，況且打下的江山都是眾將士團結一心的功勞，臣不敢居功。」劉邦說：「先生此言差矣！當初攻入咸陽秦宮之時，若非先生勸諫朕不要貪戀眼前的富貴，竊取那些美女財寶，這才沒有引來項羽的猜忌，替我軍爭取時機，得以壯大實力，最後擊敗強大的楚軍。否則朕早已經死了很久了，何來今日功業？這都是先生的功勞，你自己在齊國選擇三萬戶作爲封邑吧！」張良辭謝說：「臣最初在下邳起事，與陛下相會於留地，這是上天要臣輔佐陛下。陛下用臣的計謀，僥倖成功了，今陛下顧念臣的功勞，臣只求分封留地，三萬戶不敢接受。」劉邦就遂他之願，封張良爲留侯。有人就勸張良說：「侯爺屢次向陛下獻策，才得以平定天下，侯爺居功厥偉，爲何捨棄齊地三萬戶的封邑，僅僅要個留地呢？這樣不是太傻了嗎？」張良就說：「我原本只是一介布衣，今能封萬戶，位列侯，對我來說已經是天大的榮耀，我怎麼敢再要求更多呢？韓信就是因爲野心太大，自封爲假王，已經讓陛下不悅，且居功自傲，這才引來殺身之禍，人若想要求得一世平安，首先就是要學會知足。」

漢高祖劉邦駕崩之後，張良欲效法赤松子學習道家的辟穀之術，不食五穀。呂后感念張良的功績，就對他說：「人的一生非常短暫，如同白駒過隙，你爲何要如此自討苦吃呢？」張良就說：「我家世代在韓國做宰相，我不惜捨棄豐厚的家產，爲的就是要替韓向秦復仇。如今能得享富貴，我已經很滿足了，我如今已經年老病痛不斷，只想學習道法自然，不想再管人間的俗事，還請呂后成全臣最後這點微薄的心願。」呂后再三勸說，張良才勉強進食。

八年之後，張良過世，謚號文成侯。

人物

張良，字子房。漢代開國功臣之一。祖上是韓國的丞相，秦國消滅韓國，張良爲韓國報仇，在博浪沙刺殺秦始皇失敗，就隱姓埋名。後輔佐漢高祖劉邦取得天下，受封留侯，晚年喜好道教，學習辟穀之術。謚號文成侯。

釋評

世俗之人一生所追求的不外乎名利權勢，金銀財寶有誰不愛，但是如果任由私欲過度膨脹，擁有金山銀山都難饜足，這樣一來災禍就會緊跟在後了。俗語說：「知足常樂。」珍惜已經擁有的，不要總是看到自己缺乏的，如此就能滿足於現狀，內心也會平靜快樂得多。如果一直看到自己所缺乏的，那麼縱使擁有再多的東西，也仍會覺得不夠，這樣一來就會不擇手段去追求自己想要的東西，最終觸碰法網，引火自焚，這就是災禍的根源。

劉邦喜愛珠寶美女，見到秦宮奇珍異寶無數就動了貪欲，若非樊噲與張良勸諫，劉邦才沒有將這些珍寶據爲己有，否則也不會有後來的雄圖霸業。所以說有捨才有得，劉邦捨珠寶美女換來天下；張良捨三萬戶的封邑換來一生平安，這是他的智慧，唯有不過分追求名利富貴的人，才得以全身而退。

名人佳句

君子多欲則貪慕富貴，枉道速禍；小人多欲則多求妄用，敗家喪身。

這句話出自北宋司馬光的〈訓儉示康〉一文，意思是說：「君子過度放縱私欲就會貪慕富貴，違背正道而招致災禍；小人過度放縱私欲就會難以饜足，而不斷的濫用財富，敗光家產，最後落得窮困潦倒的下場。」欲望分為兩種，一種是飲食、睡覺等的生理欲望，這個部分是無法禁止的。需要有所節制的是私欲，例如：追求名利權勢。名利權勢本身並沒有什麼錯，錯在不該過度追求，否則就會不擇手段以求達到目標，這樣就會引來災禍，是很危險的。君子本應堅守正道，奉行仁義處事，但若是為了滿足一己之私，則明知這麼做會違背正道，也要昧著良心去做，這樣一來必定受到他人的指責，甚至觸犯法律，引來災禍。小人為了滿足金錢與權勢的欲望，就會無所不用其極地去想方設法滿足私欲，而得來的財富很快就用光，最終落得一無所有的下場。

解厄學

原文

君子修身，避禍也。

譯文

君子懂得修身養性、明哲保身，以躲避災禍。

事典

忠孝不博美名的權皋

權皋是唐玄宗時代的進士，擔任臨清（今山東臨清市）縣尉。安祿山當時頗受玄宗與楊貴妃的寵信，權勢很大。他聽說權皋在當時頗負盛名，就想藉用他的名聲以鞏固自己的勢力，便上表朝廷舉薦他爲薊縣（今天津市薊州區）縣尉，充任幕府中的僚屬。

權皋猜測安祿山想要謀反，就勸諫他說：「大人身爲臣子，應當恪盡職守，爲君王與社稷分憂，實不該覬覦帝位。」安祿山爲人猜忌暴虐，不聽他的諫言。權皋恐怕安祿山一旦起兵造反，自己也會被牽連進去，就想要逃走，可是又擔心會牽連到母親，所以遲遲沒有採取行動。

天寶十四年（西元七五五年），安祿山派遣權皋到京城進獻戰俘，回來時途經福昌縣，縣尉仲謨是他的妹夫，順道前往拜訪。權皋將處境告知妹妹，妹妹對他說：「兄長無須擔憂，小妹有一計策，可保兄長安全脫身，又不會牽累家人。」他的妹妹就將計畫告知，權皋照著做了。他假裝生病，派人對仲謨說：「我水土不服，染上怪病，恐怕時日無多，希望妹夫能前來一敘。」仲謨信以爲眞，便前往探視，見到權皋之後，便問：「大舅子病情如何了？」權皋沒有說話，只是盯著仲謨瞧。仲謨又問了好幾次，權皋身邊的隨從才說：「大人病得無法言語。」權皋一雙眼睛直勾勾的盯著仲謨，不管仲謨說什麼他都裝作沒聽見。片刻後，他突然昏厥倒地，隨從蹲在地上探了他的鼻息說：「大事不妙，大人死了！」仲謨以爲他眞的死了，十分哀戚，親自爲他收斂。權皋趁著大家爲他發喪時偷偷逃走，此事無人知曉。

官員就拿著詔書去見權皋的母親，傳達他的死訊，權母以爲他眞的死了，悲痛得大聲哭泣，路過的人瞧見了，也都感到很難過。消息傳到安祿山耳中，原本他還猜疑權皋可能是詐死，聽說他的母親哭得非常傷心，也就放下疑慮，以爲他眞的死了，對他的母親沒有防備，派人將她送回去。權皋算準車輛行經的路線，預先在淇門暗中等候，等到護送母親的車馬一到，就侍奉她日夜兼程向南奔逃，他們暫時在臨淮落腳。權皋爲了探查北方的情況，他就做了驛站的僕役，等渡過長江之後，就聽到安祿山反叛的消息。

權皋事母至孝，又拒絕效忠謀逆的臣子，沒多久他的美名就傳揚開來，許多人紛紛招攬權皋來做自己的部下。高適知道此事後，就上書給皇帝說：「安祿山反叛時，權皋沒有同流合汙，可見他對陛下十分忠心。陛下就是聽信小人的讒言，才給了安祿山謀反的機會，如今朝廷正值用人之際，臣建議賜予他官職，正式啓用他。」玄宗就任命他爲大理評事、淮南採訪判官。

不久，永王起兵造反，逼迫士大夫倒戈投向他的陣營，權皋不願妥協，只好改名換姓躲了起來，這才得以倖免。這件事傳到玄宗耳裡，感嘆的說：「在這亂世之中，人人都爲了爭名奪利，像權皋這樣忠心耿耿的臣子已經很少了啊！」於是任命他爲監察御史，這時權皋的母親過世了，他又罹患疾病，無法前往赴任，只好暫時住在洪州。兵禍連年不斷，交通阻隔，過了一年，任命他的詔書遲遲未到，這件事就只好作罷。

有一次，顏眞卿聽說權皋的賢名，上表推薦他入朝爲官，他婉拒說：「我在亂世之中潔身自愛，僅是爲了成全我的忠心，難道我是爲了博取好名聲藉以換取官位嗎？」後來接連有人推薦他做官，他都沒有接受。王定是他的好友，也很欽佩他的節操，他常常對人說：「當今天下，能夠不爲了一己私利而出賣君王的人，已經很少見了，這樣的人應當做個宰相，爲天下的臣民樹立良好的典範。」

人物

權皋，字士繇，天水略陽（今甘肅天水秦安縣）人。唐朝官吏，進士及第後，被任命爲臨清縣尉，安祿山上表推薦爲薊縣尉，充任幕僚，後逃走離職。浙西節度使顏眞卿上表舉薦他擔任行軍司馬，拜起居舍人，權皋堅決推辭，以忠孝揚名於天下。逝世後，追贈秘書少監，謚號貞孝，享年四十二歲。

釋評

君子重視內在的修養，他們懂得反省自我的過失，克制自己的私欲，所以當危險降臨時，他們能夠不受名利權勢的誘惑，因此災禍就不會降臨在他們身上，如此不僅可以保全性命，也能獲得好的名聲。

權皋就是一個仁德的君子，他知道什麼是該做，什麼是不該做，不會受到權勢名利的誘惑。所以當他知道安祿山有謀反之心時，就下定決定要與他劃清界線，因此在當時很多知識份子都很欽佩他高潔的情操。到後來，皇帝要任命他出仕，也都被他拒絕了，因爲他想要的只是不違背良心，待人處事但求問心無愧，至於美名與高官厚祿，那些都不是他所追求的。

名人佳句

古之人修身以避名，今之人飾己以要譽。所以古人臨大節而不奪，今人見小利而易守。

這句話是宋代林逋所說，摘錄於〈省心錄〉。意思是說：「古人修養自身，躲避外在的虛名；今人故意做善事以博得美名。所以古人在死生存亡之際仍不改其節操；今人看到一些蠅頭小利，就改變了他們的操守。」君子平時修身養性，嚴以律己，這麼做並不是為了博得好的名聲，藉以獲得名利權勢。相反的，他們視名利權勢如糞土，所以就算到了生死的緊要關頭，他們也不會做出違背仁義道德的事情。相反的，小人只看重眼前的利益，為了得到利益可以不擇手段，甚至假意行善以博取世人讚賞，當然也可以為了利益做出貪贓枉法之事。

原文

小人無忌，授首也。

譯文

小人肆無忌憚的追逐名利，最後將死於非命。

事典

諂媚皇帝的鄧通

鄧通是漢文帝的寵臣，他沒有別的長處，懂得向文帝獻媚而已。有一次，文帝身上長了一個毒瘡，他疼痛得睡不著覺，召鄧通進宮侍疾。鄧通就趴在文帝身上，用嘴替他把膿汁吸出，絲毫不嫌棄髒臭。文帝覺得舒服許多，鄧通就經常進宮替他吸吮毒瘡。文帝很感動，就問鄧通說：

「你難道都不覺得噁心嗎？」鄧通說：「臣能替陛下效命是莫大的福氣，若非得到陛下的賞識，臣何以有今天的富貴。陛下是臣最敬愛的人，哪敢嫌棄呢？」文帝問：「依你看，這天底下最愛我的人是誰呢？」鄧通說：「天下最親愛者莫過於父子，依臣看，應該就是太子了。」不久，太子進宮探視文帝的病情，文帝說：「朕的毒瘡疼痛難忍，鄧通替朕吸吮後好了許多，不如吾兒也效法他如何？」太子面有難色，不願意這麼做。文帝十分不高興，對他的態度大不如前。太子退出後，將此事告知他的親信，親信便說：「鄧通這是故意挑起陛下與殿下您之間的嫌隙，他這個人深得陛下寵幸，殿下以後對此人可要多加戒備才是。」太子覺得他言之有理，從此對鄧通心懷怨恨。

文帝病癒之後，一日到鄧通家中遊玩，途中遇到一名相士，就叫他替鄧通占卜一卦。相士占卜完畢，說：「這位大人將來會窮到餓死。」文帝就說：「朕能賞賜鄧通數不盡的榮華富貴，怎麼可能會窮困潦倒呢？」於是便將蜀道銅山賞賜給他，讓鄧通得以自鑄錢幣，從此「鄧氏錢」在各地發行流通。鄧通就變得非常富有。

等到文帝駕崩後，太子繼位爲景帝，昔日的親信就對景帝說：「鄧通這個人完全就是小人嘴臉，陛下還是太子時，他就藉機離間您與先皇的感情，這種人若是繼續讓他在朝爲官，人人都會說陛下您是遠避賢臣，親近小人的昏君。」景帝也深表贊同，便將鄧通免去官職，讓他閒居在家。過了沒多久，有人告發鄧通偷偷到塞外鑄造錢幣。景帝就將這個案件交給司法官員審查，發現確有其事，就草率的了結此案。將鄧通的家產全數充公，還不夠償還他所虧欠的帳款。長公主素來與鄧通交好，見他身無分文，就賞賜他一些錢財，被官吏得知，立刻上繳朝廷，連一根簪子都不留給他。長公主知道鄧通的處境，就暗中派人借錢糧給他。鄧通對人說：「我一生汲汲營營獲得的富貴，竟然一夜之間全都化爲烏有，現在我就算想要一枚『鄧氏錢』也不可得，想不到居然被那名相士給料中，最後會窮得一無所有。」鄧通沒有地方可住，就到友人家寄宿，最後死在別人家中。

人物

鄧通，生卒年不詳。漢代南安（今四川省夾江縣西北）人，是文帝的寵臣。文帝賞賜他一座銅山，得以自鑄錢幣，因而發跡致富。景帝即位後，因吸吮毒瘡一事對鄧通心懷怨恨，罷免他的官職。後來又因他觸犯律法，被沒收家產，最後貧窮飢餓而亡。

釋評

想要獲得名利權勢的欲望人皆有之，但是君子會自我反省，不會竊取不義之財；小人則無所顧忌，獲得了一點利益就想要得更多，對名利權勢貪得無厭，爲了獲得高位無所不用其極，最終將自取滅亡。

鄧通爲了諂媚文帝而得罪太子，太子即位後他立刻就失去權勢，因爲他的貪得無厭，導致連財富也一併失去了，最後落得窮死的下場，這完全是他放縱自己的私欲所致。

名人佳句

貪愛銀子的，不因得銀子知足；貪愛豐富的，也不因得利益知足。

這句話出自《聖經》。意思是說：「貪愛錢財的，不會因為得到錢財而滿足；奢求物質欲望的，也不會因為得到些許利益就滿足。」若是一個人對於金錢的欲望無窮無盡，那麼縱使得到全天下的財富也不會滿足；人們對物質欲望的追求若是過於膨脹，縱使住在皇宮、豪宅之中也不會知足。這兩者皆是非常危險的，因為放縱欲望必然引來他人的忌妒與不滿，若是授人以柄，很容易引來殺身之禍。

原文

一念之失，死生之別也。

譯文

一念之差，就會置於生死的險境之中。

事典

恃寵而驕的韓嫣

韓嫣是漢武帝劉徹的寵臣。在劉徹還是膠東王的時候，韓嫣就進宮做了他的伴讀，從那個時候兩人的感情就很好。等到劉徹即位後，兩人的關係就更加親密，經常形影不離。韓嫣擅長騎馬射箭，每次和武帝一塊前往狩獵時，他總是先在前面偵查哪裡有獵物，武帝再前往擒捉，每一次都是滿載而歸。武帝就對韓嫣說：「論起騎馬打獵，朕實不及愛卿啊！」韓嫣就說：「臣的打獵技巧哪裡能與陛下相比，陛下每次射箭都能百發百中，臣也只是仰仗陛下的威嚴，僥倖射中而已。」武帝聽了之後，非常高興，對他的賞賜絡繹不絕。

有一次，武帝打算出兵攻打匈奴，韓嫣聽到風聲之後，就事先學習胡人的兵器和陣法，趁軍事演習時，命眾將士演練一遍給武帝看。武帝看了之後，龍心大悅，就說：「這世上唯有愛卿能與朕心意相通，替朕分憂解勞。」於是升他的官職，封為上大夫，對他的賞賜與鄧通相比毫不遜色。不僅如此，韓嫣還時常進宮與武帝同榻而眠。王太后知道了，就規勸武帝說：「自古以來皇帝身邊都有寵臣禍亂朝政，陛下與韓嫣過於親近，難免惹來眾位大臣的不滿，陛下可要有所警惕才好啊！」武帝不理會王太后的勸諫，繼續對韓嫣恩寵有加。

有一天，武帝的同父異母兄弟，江都王劉非進京朝見，得到武帝的詔令讓他跟隨前往上林苑中狩獵。武帝的車駕還未出發，先派遣韓嫣的副車先行，率領隨從數十百騎，奔馳巡視野獸出沒的地點。江都王遠遠望見了，以為是武帝的車駕，急忙迴避，跪在道路兩旁迎接。韓嫣假裝沒看見，快速地奔馳過去。等到韓嫣的車駕過去後，江都王的隨從對他說：「王爺，您被騙了，方才過去的不是陛下，而是陛下的寵臣韓嫣，他看見您也不下車行禮，實在是太無禮了。」江都王聽說之後，握緊拳頭，非常的氣憤，就跑到王太后那裡哭訴：「兒臣位列親王，還不如一個宮中侍衛，那還不如歸還封地，回到京城當一名侍衛算了，就和韓嫣一樣。」王太后說：「這個韓嫣也實在太目中無人了，他倚仗著陛下的寵愛，連親王也不放在眼裡。」從此王太后就更加討厭韓嫣。

韓嫣侍奉武帝，進出永巷不受限制，他更加恃寵而驕。有人告誡他說：「大人如今雖然受到陛下的寵愛，榮華富貴享之不盡，可是別忘了皇太后並不喜歡你，大人行事還是收斂些好，永巷是後宮嬪妃居住之地，未免流言蜚語，大人還是少去爲妙。」韓嫣並沒聽進去，照樣進出永巷。不久，有人去稟告王太后說：「臣聽聞韓嫣與宮女私通，這件事實在是宮廷的醜聞啊！」王太后聞言大怒，派使者賜死韓嫣。武帝聽到風聲，趕緊前去替韓嫣向王太后求情，王太后不答應赦免他，韓嫣就被賜死了。

人物

韓嫣，字王孫。生卒年不詳。是韓信的後人，弓高侯韓頹當的庶孫。漢武帝的寵臣。

釋評

人如果放縱私欲，無止盡的追求名利權勢，最終就會爲自己招來禍患。其實，克制私欲與放縱私欲，也只不過是一念之間的事。如果對名利權勢太過偏執，一心只想往上爬，獲得一點權勢與富貴，難免就會得意忘形，而不知節制，一步踏錯將入萬劫不復的深淵；反之，如果懂得在緊要關頭懸崖勒馬的話，不被權勢欲望沖昏頭腦，那麼或許還能有一線生機。

韓嫣就是一個很好的例子，他倚仗著武帝的寵愛，連江都王都不放在眼裡，因而得罪權貴，這是爲他日後敗亡埋下一顆不定時炸彈。引發這枚炸彈爆炸的導火線——是他與宮女通姦的傳聞，無論傳言是眞是假，王太后已經對他很厭惡，這件事只不過是殺他的一個藉口罷了。倘若韓嫣自己潔身自愛，知道自己並非宦官，不應當頻繁進出永巷的話，那麼就不會給王太后殺他的藉口，所以生與死往往只在一念之間。

名人佳句

一著不愼，滿盤皆輸。

這句話是毛澤東說的，摘錄於《中國革命的戰略問題》。這句話的原意是說：「下棋的時候，如果有一步棋考慮得不夠周密，就很可能會帶來滿盤皆輸的後果。」人生亦如棋局，如果我們完全依循著自己的私欲的發展，而完全不考慮後果的話，那很可能會落得滿盤皆輸的下場。有的時候，我們容易忽略小細節，覺得偶爾放縱一下私欲無所謂，但很有可能因為一念之差，而造成無法挽回的後果而遺憾終身。

原文

治貪以嚴，莫以寬。懲淫以辱，莫以隱。

譯文

當以嚴刑峻法懲治貪欲，不要寬容對待。當以羞辱懲戒淫欲，不要替他隱瞞。

事典

直言勸諫的伍子胥

吳王夫差大敗越國，越王勾踐遂向夫差稱臣。勾踐表面上臣服，暗中臥薪嘗膽，養精蓄銳，等待反攻的時機。勾踐對大夫文種說：「寡人聽說，吳王喜愛美女，時常沉湎於美色，不理朝政，不如我們就利用這一點削弱吳國的實力，如何？」文種說：「眞是妙計！吳王貪淫好色，宰相伯嚭奸佞易於操縱，前去進獻美女，吳王一定會接受。大王只需挑選兩名美女進貢給吳王便可。」勾踐說：「如此甚好。」便派人在民間挑選兩名美女──西施與鄭旦，為她們量身訂做上好的綾羅綢緞，打扮得美豔絕倫，教導她們禮儀舞蹈。花費三年學成，於是派遣宰相范蠡進獻給夫差。范蠡對吳王說：「越王有兩名美女，欲進獻給大王，還請大王不要嫌棄她們容貌醜陋，留下來當妾侍。」夫差見到西施與鄭旦豔麗無雙，當下非常高興，就說：「越王進獻兩名美女，足見勾踐對吳國的忠心。」伍子胥勸諫夫差說：「大王千萬不可以接受，自古以來沉迷於美色的君王皆是亡國之君，暴君桀、紂就是前車之鑑。況且勾踐此人可以吃苦，以仁德服眾，他絕對不會甘心永遠臣服於吳國，大王還是早些殺掉勾踐才好，否則日後必成禍患。」文種早已派人贈送金銀珠寶，買通宰相伯嚭。伯嚭對夫差說：「伍子胥的膽子也太大了，居然敢將大王比做亡國之君，難道是詛咒吳國將要滅亡嗎？」伍子胥替自己辯解說：「臣雖非吳國人，但既然拿的是吳國的俸祿，就應當替大王分憂。大王貪淫好色，見到美女就忘記昔日勾踐殺父之仇，當然要直言勸諫，若是替大王隱瞞過失，這才是天大的罪過啊！」伯嚭與伍子胥有些過節，就趁機對夫差說：「勾踐進獻美女，是表示對大王的忠誠，臣實在看不出接納此二女會引來什麼禍患。伍子胥此人態度強橫，老是藉著勸諫而頂撞大王，大王不要與他太過親近。」夫差說：「這個寡人知道，無須宰相提醒。」

夫差聽信伯嚭的讒言，接受了勾踐送來的美女，整天與西施和鄭旦尋歡作樂，荒廢朝政。幾年後，夫差聽聞齊景公薨逝，繼位的新君軟弱無能，就想要出兵攻打齊國。伍子胥得知此事，就向夫差勸諫說：「越王勾踐忍辱負重，吃的是粗食，穿的是素衣，身邊有得力的重臣。勾踐才是吳國的心腹大患，大王不先解決他，反而攻打齊國，豈不是荒謬至極嗎？」伯嚭則持反對意見，慫恿夫差說：「大王若是攻打齊國必定旗開得勝，得以擴大吳國的領土，這是先王都沒有過的功業，若是失去此良機，則悔之晚矣！」夫差不聽伍子胥的勸諫，屢次出兵攻打齊國，獲得城池與土地。越王勾踐也率領他的臣民，獻上豐厚的禮物表示祝賀，夫差很高興的接受了。只有伍子胥戰戰兢兢的說：「這是要棄置吳國臣民於不顧啊！」他又向夫差勸諫說：「越王勾踐對大王越是謙恭柔順，就表示他懷有異心，大王不剷除此心腹大患，雖然得到了齊國的城池與土地，又有什麼用呢？」夫差對他的諫言充耳不聞。其他大臣對伍子胥說：「大王既然聽不進你的諫言，你就少說兩句，否則惹怒大王，恐有殺身之禍啊！」伍子胥嘆口氣說：「身爲臣子，不說一句話固然可以保全身家性命，若是直言勸諫反而會落得慘死的下場，可是忠臣哪裡怕爲國捐軀呢？我不是爲了個人的榮華富貴而向大王勸諫，而是爲了吳國的臣民百姓啊！」夫差派遣伍子胥出使齊國，伍子胥將兒子托付於齊鮑氏，有人將此事回稟夫差。夫差聽說了，勃然大怒，就賜死伍子胥。伍子胥臨死之前，對隨從說：「把我的雙眼挖出來放在吳國的東門上，讓我看到越國是如何滅掉吳國。」

伍子胥身亡後，果然如他所預言的一般，越王勾踐趁吳國國力衰弱時率兵攻打，大敗吳國，夫差兵敗自刎身亡。

人物

伍子胥，姓伍名員，子胥是他的字，春秋時代楚國人。楚王聽信小人讒言殺其父兄，伍子胥逃亡至吳國，輔佐吳王攻打楚國得以報殺父兄的仇，並輔佐吳國稱霸。吳王夫差大敗越國後，釋放越王勾踐回國，不聽伍子胥的勸諫，聽信小人讒言而殺之。伍子胥死前預言越必滅吳，九年後果然應驗。

釋評

放縱一時的貪欲，有可能爲我們帶來災禍，更何況是一再的縱容貪欲孳生而不加禁止，這樣的話就離滅亡不遠了。所以對治貪欲一定要嚴格懲處，絕對不可放縱。美女人人喜愛，但若是沉迷於女色而不知節制，身邊的親友就必須直言相勸，絕對不可以爲了顧及對方的面子而有所隱瞞，否則只會讓淫欲更加放縱，最後爲自身帶來災禍。

吳王夫差喜好美女，越王勾踐投其所好送來西施與鄭旦，伍子胥雖然勸諫夫差不要接受這兩名美女，但愛好美色的夫差根本聽不進去。夫差也因爲如此不再懷疑勾踐的忠誠，他不聽伍子胥的勸諫而饒了勾踐性命，這是導致吳國敗亡的原因之一，這個便是放縱淫欲的下場。夫差攻打齊國，是想擴大吳國的領土，進而實現他稱霸諸侯的野心，這個是他的貪欲。伍子胥正是看到夫差的貪欲才直言勸諫，只可惜夫差聽信小人伯嚭的讒言，沒有把伍子胥的話放在心上，反而將他誅殺，這是吳國敗亡的原因之二。所以，放縱貪欲與淫欲是危險的，想要遏制這兩種弊病，必須下猛藥，嚴格的禁止，否則放任其發展後果將不堪設想。

名人佳句

勿以惡小而為之，勿以善小而不為。

這句話是東漢末年的劉備說的，摘錄於《三國志》。這句話的意思是說：「不要因為過失很小就去做，也不要因為善事很小就不去做。」人往往放縱自己的貪欲，以為犯一點小錯無關緊要，殊不知有了一次就有第二次，小的過失累積得多了，就變成無可挽回的大錯，所以絕對不可以在小地方縱容自己。也不要因為善事很小就不去做，小的善舉累積得多了，就變成大的善事，可以造福群眾。

原文

伐惡以盡，莫以慈。

譯文

去除罪惡要徹底剷除，不要仁慈縱容。

事典

以法治國的商鞅

戰國時代的商鞅學習法家的學說，學業有成就想要一展長才，剛好聽聞秦孝公廣徵良才，便決定前往一試。商鞅對秦孝公說：「要想使國家強盛，就得以嚴格的法令來約束人民，凡有觸犯法令者，一律依法懲處，決不寬貸，如此才能達到上行下效之功。」秦孝公聽了很高興，任用商鞅，商鞅欲在秦國實行新法。秦國大臣甘龍卻反對說：「你的新法不合秦國的風俗習慣，況且人民和官吏都已經習慣依循舊的法令，怎麼能說變就變呢？」商鞅說：「舊的法令姑息犯法的人，在上位者觸犯法令，官吏不敢執行，這樣的舊法等同虛設，想要讓秦國富強，就得徹底讓法令貫徹全國，且上下一致才行。不可因爲犯法的人身分特殊，就差別對待，否則如何要求民眾遵守法令呢？」甘龍說：「你這個是謬論，秦國已經如此執行數百年，你一來就說要變法，萬一新法失敗，這個責任由誰擔負？」商鞅說：「治理國家的方法有很多種，要想讓國家富強就不必依循古法。臣有信心，新法必能順利推行，請大王給我一個實行的機會。」秦孝公就點頭說：「好，既然你如此有信心就放手去做，寡人一定支持你。」

商鞅就頒行新法，將百姓劃分爲小區域治理，讓大家互相監督，如果有作奸犯科之事，知情不報者就處以腰斬的刑罰。告發犯罪者與斬殺敵人同功，可以得到一樣的賞賜；窩藏罪犯者和投降敵人者同罪，必須接受相同的懲處。凡是爲了私利互相鬥毆的人，按情節輕重處以不同的刑罰。努力耕種織布的人，可以獲得糧食，有豐收者還能免除繇役與賦稅。一個人是否享有尊榮，不是根據其自身的地位是否高貴，而是依據他是否立有軍功來評斷。軍功顯赫的人，就算家中一貧如洗也能加官晉爵；沒有軍功的人，就算家境富有，也無法享受尊榮的待遇。

新法已經草擬好，還沒有公布，商鞅擔心人民不相信，就將一根三丈長的木桿插在國都南門的市集上，招募人民將這根木桿搬到北門，能做到的人將賜予十金，人民都覺得很奇怪，沒有一個人敢去搬移。商鞅又說：「凡是能搬動者就賜予五十金。」有一個人自告奮勇前往搬動，商鞅就依言給他五十金，表示他沒有欺騙百姓。這時候大家才開始相信商鞅的新法，這時他才將新法推行全國。

新法實施了幾年，有許多民眾紛紛至國都投訴，新法的推行造成許多不便。這個時候太子觸犯了法令。商鞅就說：「法令之所以推行得不順利，是因爲在上位者自己都不遵守，在下位的臣民就更加不會遵守了。」於是按法令處罰太子。秦孝公就向商鞅求情說：「太子是國君之位的繼承人，怎麼能說罰就罰呢？」商鞅就說：「大王，現在人民都不遵守新法，如果太子自身都不樹立良好的典範，人民哪裡會信服呢？況且，如果因爲一點點的錯誤就縱容它，全國百姓都群起效尤，那麼國家的積弊就沒指望可以革除了。」秦孝公就說：「如果是這樣的話，就處罰太子的兩名老師公子虔與公孫賈。」第二天，秦國人民都遵守新法。新法施行十年，路不拾遺，山林中無盜賊聚集，每家每戶都自給自足。人民都奮勇殺敵，不敢私下鬥毆，城鄉的治安都很太平。

人物

商鞅，本姓公孫，名鞅，戰國時衛人，故當時人也稱他爲衛鞅。他是衛國國君的妾所生的兒子，年輕時專研法家學說，最初是魏國宰相公叔座的家臣，後來出仕秦國擔任宰相，說服秦孝公推行新法，秦國富強後，受封於商地，故後人稱他爲商鞅。他因執行法令嚴苛，樹敵眾多，秦孝公薨逝後，被車裂處死。

釋評

人做錯了事，如果都寬容處理的話，就會縱容壞人，那麼作奸犯科等情事都會逐一出現，而且難以遏止。所以想要去除罪惡，絕對不能寬容包庇，否則人人群起效尤，那麼國家社會就會大亂。

商鞅推行新法，手段雖然嚴苛了些，但是對於那些作亂的人民起了很好的遏止作用。尤其是太子犯法也與庶民同罪，這讓人民知道不論是身分高低只要犯了法就得接受處罰，而且會嚴格的執行，徹底杜絕人民僥倖的心態。

名人佳句

樹德務滋，除惡務本

這句話出自孔子編訂的《尚書．泰誓下》，意思是說：「樹立德性的典範，務求它能滋長；去除罪惡，要連根本拔起。」對於有德性的人，是值得鼓勵的，因為他可以為人民樹立良好的典範，讓人人得以效法。對於犯罪的人，絕對不可以姑息縱容，必須從根源著手，將之完全消滅，否則邪惡一旦滋生，後患無窮。

解厄學

原文

制欲求於德，勿求於誡。

譯文

抑制私欲要內求於德行，不要外求於教條約束。

事典

重德不重法的孔子

春秋時代晉國的大夫趙鞅和荀寅，把刑法刻鑄在鼎上對人民公布。孔子就對他的弟子說：「晉國快要滅亡了。」弟子就問孔子說：「把法令公諸於眾這不是很好嗎？這樣大家就可以知道具體的法律規範是什麼了，根據法令來懲罰違法的人而保護守法的百姓。」孔子說：「人民會作奸犯科，是因爲他們失去了本心而順從私欲，今天把法令公之於眾，人民就會鑽法律的漏洞來逃避刑責，無疑是助長了私欲的滋生，這樣禍亂的根源不但沒有得到禁止，反而助長了禍患的發生，所以我說晉國離滅亡不遠了。」弟子說：「那老師您是反對法律嗎？」孔子說：「不是的，國家的管理還是需要法律。最好的法律是禮法，而不是只遵守法律教條。讓貴族們按照地位尊卑遵從禮法，如此能夠得到人民的尊重，貴族們也能守住他們的產業，這個就是禮法制度。」弟子說：「禮法可讓人民了解並遵守人倫綱常，例如：臣子如果謹守臣子的本份，自然就會爲國君盡忠，而不會爲了一己的私欲去竄權奪位。父子、夫妻、兄弟也會互相尊重，這樣社會就能和諧，而違法犯禁的事情自然就會減少。」孔子點點頭，說：「沒錯，眞是孺子可教。」弟子又問：「我還是不明白，把刑法公告天下會有什麼壞處？」孔子說：「刑法是教條規範，人民只知道按照法令規範來行事，但是心中的私欲並沒有因此得到抑制。例如：法律條文規定不得偷竊，人民並不知道眞正讓他們去偷竊的，是他們心中對金銀珠寶的貪欲，一昧的禁止偷竊這種行爲，只會讓人民做了偷竊的勾當之後，想方設法的逃避處分，這樣的法是無法禁止禍亂的發生。」

人物

孔子，姓孔，名丘，字仲尼，春秋時代魯國人。生於西元前五五一年，卒於西元前四七九年。年輕時在魯國擔任官職。後周遊列國十四年，四處尋找可以採納他政治理念的君主，但沒有一個國君願意實踐他的政治理想。六十八歲時，返回魯國，整理編訂古籍經典。教育弟子不遺餘力，後世尊他爲「至聖先師」，也稱他爲「孔子」。

釋評

放縱私欲會招致災禍，所以要抑制私欲。但是如果只知以教條規範來約束人們的行爲，讓人們因爲害怕受到處罰而不敢做違法的事情，是最下策。因爲人們只是想逃避處罰，心中的私欲並沒有因此減少，但若能讓人們了解作奸犯科是源自於心中對私欲的放縱，而從德行上面著手教育，這樣才能在根本上杜絕私欲。

名人佳句

絕盜在乎去欲，不在嚴刑。

這句話是魏晉時代的王弼所說，摘錄自〈老子指歸〉。意思是說：「杜絕盜賊癥結在於去除私欲，而不在於以嚴刑峻法懲治偷盜之人。」嚴苛的法令雖然能令人望而生畏，但是對於那些狡詐之徒卻無制約作用。奸詐狡猾的人，懂得鑽法律漏洞，甚至打通關節令自己可以脫罪。真正促使人偷盜的是貪欲，嚴刑峻法無法禁止人心的貪欲，只有增進人們的德行，才能真正的克制貪欲，否則一味的制止只會適得其反。

原文

悟者暢達，迷者困矣。

譯文

能夠領悟到如何降伏私欲的人則能順暢通達，看不清眞相的人將受困其中，而無法自拔。

事典

忠誠不貪的諸葛亮

三國時期蜀漢先主劉備在病危時，告訴丞相諸葛亮說：「你的才幹勝過曹丕十倍，一定能使國家安定，完成統一的大業。如果繼位的劉禪可以輔佐的話，你就輔佐他；如果他非帝王之才，你就取而代之。」諸葛亮流著淚說：「承蒙陛下的知遇之恩，臣才有今日，怎敢不盡心竭力的輔佐他呢？」劉備又寫下詔書囑咐劉禪說：「你要將丞相視爲自己的父親那樣侍奉，凡遇軍國大事都要與丞相商議。」劉禪繼位後，封諸葛亮爲武鄉侯，設置丞相府處理政務。政務不論大小，都由諸葛亮裁決。

有大臣對諸葛亮說：「陛下只是平庸的君主，政事若非仰仗丞相處理，恐怕國家早已經亂了。要想平定天下，還需要一位英明的君主才行。先主臨終時曾說，若陛下不堪輔佐，丞相可取而代之，丞相何不自登帝位？一統天下必定指日可待。」

諸葛亮回答說：「先主既然將陛下託付於我，我必定盡心竭力輔佐，這是身爲一個臣子該做的。如果我因爲陛下資質平庸就竄權奪位，與董卓那樣的亂臣賊子又有何分別？此乃大不敬之言，以後切不可再提。」

大臣就說：「丞相眞是忠臣，若換做別人，必定嚮往無上的權勢，可能早就自登帝位。丞相有才能卻不貪戀權位，像您這樣的人才，實屬難得啊！」

諸葛亮說：「比起權勢，我更看重的是人與人之間的感情。我原本只是一介布衣，當初先主紆尊降貴三顧茅廬，向我請教天下局勢，這分情誼我銘記於心。況且先主在臨終之際將陛下託付於我，我又怎能辜負先主的期望呢？一個人活在世上，可以無權無勢，貧窮困頓，但是絕對不能不忠不義，罔顧君臣之義。」諸葛亮在病逝之前，一直盡心竭力的輔佐劉禪，還常對人稱讚劉禪說：「陛下仁愛聰敏，禮賢下士，的確是一位賢君啊！」

人物

諸葛亮，字孔明，三國蜀漢琅琊郡陽都人（今山東省沂水縣）。生於西元一八一年，卒於西元二三四年。在荊州隱居避亂，劉備三顧茅廬才請他出仕。

諸葛亮足智多謀，盡忠職守。使劉備在赤壁之戰中大敗曹操，輔佐劉備定益州，形成蜀漢與魏、吳三國鼎足的局面。劉備逝世後，輔助後主劉禪處理政務，封武鄉侯。一生都致力於平定天下，以匡復漢室爲己任。他與魏長期爭戰，鞠躬盡瘁，死於軍中，謚號忠武。著有《諸葛武侯集》。

釋評

要想躲避災禍，首先要能克制心中的私欲，只有這樣才能不爲自己招來災禍，眞正明白的人懂得這個道理，不會去貪求不應得的名利權勢。過分追求私欲的人，以爲名利權勢會爲自己帶來幸福，所以不斷的去追求，直到引來災禍，到那時才知道後悔已經太遲了。

諸葛亮是個有才幹的人，但是他很清楚自己身爲臣子就要盡忠職守，不屬於自己的名利權勢絕不能在心中生起貪欲，否則將落得竄權奪位，不忠不義的下場。他謹守君臣的分際，盡心竭力的輔佐劉禪，所以留下萬古流芳的美名。

名人佳句

壁立千仞，無欲則剛。

這句話是清代林則徐在他府衙寫的一幅對聯，意思是說：「岩壁聳立千仞，看似剛強屹立不倒；人若想要堅毅果敢，就要屏除一切的私欲，如此就能像岩壁一樣，不會被輕易的擊垮。」人一但有了私欲，就有了弱點，別人就能投其所好，利用你達成他的目的，這樣一來就成為別人利用的棋子，生與死在也不是掌握在自己手中。如果能克制自己的私欲，待人處事，不問有利無利，只問在道義上應不應當去做。如果應當去做，即使無利也得排除萬難去完成；如果不應當去做，就算利益當前，也得狠下心來拒絕。如此就能像岩壁一樣屹立不倒，災禍也不會降臨。

第四卷 省身卷

自知者弗窘也。識世者無求也。

人有異，命不同焉。物有別，哀相近焉。待己如人，大計不失。

智不及事，非察莫中。人心多易，非思難度。俗不堪親，非禮無存。

憂身者無邪，正而久焉。憂心者無疚，寧而吉焉。

解厄學

原文

自知者弗窘也。

譯文

有自知之明的人，不會使自己陷於困頓的境地。

事典

有自知之明的鄒忌

戰國時代的鄒忌，齊威王在位時任命他爲宰相。鄒忌身高八尺，長得很俊美，他對自己的長相甚爲滿意。有一天，他早上穿戴好衣服冠帽，攬鏡自照，對他的妻子說：「我與城北姓徐的美男子相比，誰長得更俊美些？」妻子回答說：「夫君長得俊美無雙，姓徐的怎麼比得上你呢？」

鄒忌不相信她的話，又問他的妾說：「我和姓徐的美男子相比，哪個美？」妾回答說：「姓徐的哪有夫君長得好看。」第二天，有客人從外地前來和鄒忌坐著聊天，鄒忌就問他：「你見過城北那個姓徐的美男子嗎？」客人答：「見過啊！」鄒忌又問：「那你覺得我和他相比，哪個長得更俊美？」客人笑答：「姓徐的容貌和大人比起來差得太遠了。」第二天，姓徐的美男子親自前來拜訪，鄒忌將他仔細地端詳一番，自嘆弗如。回到房間在鏡子前端詳甚久，還是覺得比不上姓徐的俊美。到了晚上，要上床就寢前，他把這幾天發生的事情仔細想了一遍，終於明白為什麼他的容貌分明比不上姓徐的人，可是眾人都說他長得更為俊美的原因了。他就把心得告訴一位朋友，說：「我的妻子說我長得俊美，是因為她偏袒我；小妾說我長得美，是因為她懼怕我；客人說我長得美，是因為他有事相求，他們都是為了各自的目的才說我長得美，心裡卻不是這麼認為。」朋友說：「你能想清楚箇中原由，可見是個有自知之明的人，才沒有受到他人言語的蒙蔽，這一點實在值得嘉獎啊！」

第二天鄒忌上朝晉見威王時，把這件事對他說了一遍，並藉著此事勸諫威王說：「臣只不過是一家之主，一國的宰相，就有這麼多人為了達到自己的目的而諂媚於我。大王擁有齊國千里土地，一百二十座城，姬妾婢僕，沒有不偏袒大王的；朝廷眾臣，沒有不敬畏大王的；普天之下的百姓，皆有求於大王。照這樣看，大王受到的蒙蔽比臣更加嚴重啊！」威王說：「所言甚是，寡人知道該怎麼做了。」於是詔告天下說：「群臣百姓，只要能當面指出寡人過失者，受上等賞賜；上書勸諫寡人者，受中等賞賜；能在市集朝堂非議，傳到寡人耳裡的，受下等賞賜。」詔令剛剛頒布，就有許多朝臣紛紛覲見，差點把王宮大門給踩破了。幾個月之後，時常有人前來勸諫。一年之後，雖然有想要勸諫的臣子，但無法具體指出大王的錯處，只好作罷。齊威王敢於納諫的美名傳遍諸侯各國，燕、趙、韓、魏皆紛紛來朝。

齊威王召鄒忌入宮覲見，高興的對他說：「多虧了你當初提醒寡人，猶如當頭棒喝，現在寡人聽你之言廣納諫言，改正許多過失，所以齊國如今才能強盛，寡人應該好好賞賜你才是。」鄒忌說：「臣不敢領受大王的封賞，臣只不過是盡了做臣子的本分提醒大王罷了。是大王能接納臣的建議，可見大王也是個有自知之明的人，知道自己的短處在哪，這哪裡是臣的功勞呢！」

人物

鄒忌，生卒年不詳，戰國時代齊國人。齊威王在位時任命他爲宰相，爲人機敏善辯，深得威王寵信，封爲成侯，後又侍奉齊宣王。

釋評

正確的了解自己的長處與短處，才能看清楚局勢，而不會太過自滿低估對手，導致自己陷入困局；也不會因太過自卑而高估對手，未戰先怯，自亂陣腳。這需要冷靜的態度與清醒的頭腦才能夠做到。

鄒忌就是一個有自知之明的人，他不僅能看到自己的短處，還能推己及人，看到齊威王的短處，適時的向威王進言，威王也聽懂他的話意，立刻廣納諫言，才使得齊國得以壯大。

名人佳句

知人者智，自知者明。

這句話是春秋時代老子所說的，摘錄於《道德經．三十三章》。意思是說：「聰明的人能夠看到他人的長處與短處，真正有智慧的人可以看到自己的長處與短處。」聰明的人可以觀察別人的優缺點，進而控制與利用，以使自己達到目的，這是世俗的權謀與算計；真正有智慧的人，不會著眼於別人的長處與短處，而是觀照自己的內心，清楚照察到自己的優缺點，進而反省與改過，使得生命得到昇華。

原文

識世者無求也。

譯文

洞察世情的人，不會強求不屬於自己的東西。

事典

清廉無欲的元德秀

唐玄宗時期，元德秀擔任魯山縣令。有一次，玄宗在五鳳樓下舉辦宴會，命三百里之內的縣令、刺使攜帶歌舞、樂隊參加宴會。元德秀也接到命令參與此次宴會，他的族弟元結就對他說：「我聽聞陛下要在宴會上舉辦音樂比賽，贏的人可以加官晉爵；輸的人則遭到貶黜。兄長可要挑選優秀的樂師前往參加才是。」

元德秀就問：「你認爲我是一名稱職的縣令嗎？」他的幕僚回答：「兄長勤儉愛民，從不收受賄賂，當然是一個好官。」元德秀說：「既然如此，你認爲我會在乎官位的高低嗎？當今聖上喜愛音樂歌舞，就命群臣也要效仿，如果做臣子的因爲一時的榮華富貴而逢迎拍馬，不加以勸諫，這跟佞臣又有什麼差別呢？」宴會當天，河內太守用豪華的車子，載來數百名歌伎，身穿華麗的服飾，表演絢麗的歌舞，贏得玄宗的讚賞。元德秀卻只帶了十幾名樂師，一同歌唱他所譜的樂曲《于蔿于》，他將勸諫融入歌曲中，玄宗聽了感到很驚訝，感嘆說：「這是賢人所說的話啊！」就問宰相房琯說：「河內太守如此費心的張羅歌舞，看來是向百姓徵收了不少的賦稅啊！否則如何能擔負得起這一筆龐大的開銷呢？依愛卿看，河內的百姓是否生活在水深火熱之中？」房琯回答：「臣聽聞河內太守奢華無度，經常收受賄賂，不管百姓的死活，實在不是一名稱職的太守啊！」玄宗聽了，就貶黜河內太守。

宴會結束後，房琯和元德秀碰巧一同離席，房琯就對元德秀說：「今日陛下舉辦宴會，群臣都獻上最好的歌舞表演以博陛下一笑，只有大人您唱了一首勸諫的歌謠，幸好陛下聽出你的弦外之音，否則很有可能將你治罪，你難道不怕嗎？」元德秀說：「宰相大人當官，難道就是爲了自身的榮華富貴嗎？」房琯說：「當今亂世，我是想輔助陛下治理好國家百姓，哪裡是爲了我自己呢！」元德秀說：「宰相大人所言甚是，我們做臣子的理應盡自己的本分，管理好自己的轄區，使百姓都能安居樂業，至於名聲、官位都不過是身外之物，過眼雲煙罷了，那裡值得貪戀追求呢？」房琯就拍拍他的肩膀，讚嘆說：「我只要看到紫芝的眉宇，所有爭名逐利的野心全都打消了。」從此元德秀賢德的名聲傳遍朝野。

元德秀將他所得的俸祿，全都捐給貧窮孤寡者。任期滿後，箱子裡只剩一匹細絹，駕著柴車離去。他喜歡陸渾這個地方的山水名勝，就在這裡定居下來。他的房宅外沒有建築圍牆，也沒有門栓鑰匙，家中連一名伺候起居的奴婢都沒有。如果遇到飢荒，一天都不煮飯。他喜歡喝酒彈琴，只要有人帶著酒菜前來，他從來不嫌棄豐盛還是寒酸，一律與客人一醉方休，賓主盡歡。

他過世的時候，家中一貧如洗。元結前來弔唁，哭得非常悲痛，別人就問他說：「你哭得如此悲傷，符合禮節嗎？」元結回答：「你只知道我踰越禮法，卻不知道我心中有多麼的悲痛。兄長一生節儉，世俗之人所追尋的物質享受，他從來不沾染。沒有穿過華美的衣服，沒有吃過豐盛的酒菜，也從來不近女色。當今世人有的陋習，在他身上沒有一樣能看得見。他一生爲君盡忠，愛民如子，老了卻過著貧窮的生活，直到死了連一樣值錢的東西都沒有留下。我如此悲傷難過，是爲了告誡那些沉迷於酒色，貪婪揮霍的紈褲子弟罷了。」

人物

元德秀，字紫芝，唐朝河南人。他是鮮卑族人，原姓拓跋，北魏孝文帝改革時才改姓爲元。他充分實踐道家無爲寡欲的思想，個性淳樸耿直。唐開元年間考中進士，任邢州（今河北邢臺）南和縣尉，因施政有名聲升任龍武軍錄事參軍，後因腳受傷而辭去軍職，調任魯山縣令。

釋評

世俗之人大多追求名利權勢，達成所願後就開始沉迷於物質享受，往往為了一己私欲置百姓的生死於不顧，嚴苛賦稅、搜刮民脂民膏。這樣的人一但被皇帝知曉就會被貶黜，輕則官位不保，重則有殺身之禍。瞭解這一點的人，就不會放縱自己的私欲，而會引以為鑑，時刻提醒自己不要去追求那些外在的虛名利益。

元德秀就是這樣的一個人，他很清楚為人臣子的本份，外在的虛名富貴他視如糞土。他過得很貧窮節儉，卻也不以此為恥，反而樂在其中，這才是一個眞正安貧樂道的人。反觀那個一味想諂媚玄宗皇帝的河內太守，拍馬屁不成，反而被貶黜，這就是追名逐利與否的差異。

名人佳句

有以欲多而亡者，未有以無欲而危者也。

這句話出自西漢淮南王劉安所編纂的《淮南子》一書。意思是說：「歷史上有因為私欲過多而導致滅亡的人，從未有過無欲無求的人，會為自己招致禍患。」對名利權勢貪得無厭之人，往往不擇手段想要上位，反而使自己陷入無法預知的危險之中，這都是欲多所造成的。且人心永難饜足，得到一點，就想要得更多；已經擁有很多卻還不知足，繼續想要獲得更多的權勢富貴，最後不得善終。反觀不追名逐利，淡泊一生的人，才能夠化險為夷，得以保全自身。

解厄學

原文

人有異，命不同焉。

譯文

人的性情有所差異，導致命運截然不同。

事典

擅長宮鬥的武則天

武則天剛進宮時，年僅十四歲，被唐太宗封爲才人，因她貌美出眾，賜名武媚。唐高宗李治在當太子時，進宮侍奉，見到了武則天就喜歡上她。太宗駕崩後，他的妃嬪們全都出家做了尼姑，武則天也是其中之一。李治登基後寵幸蕭淑妃，蕭淑妃得寵後趾高氣昂，絲毫不把王皇后放在眼裡。王皇后的母親柳氏進宮探望她，說：「蕭淑妃如今正得聖寵，你要趕緊懷上龍嗣，否則皇后的位置遲早不保。」王皇后也很焦慮，對母親訴苦說：「皇上已經許久不來，女兒縱然有心，也無力施爲啊！」柳氏就說：「你要趕緊想辦法分散皇上的注意力，不能讓蕭氏專寵。」

有一次，李治經過尼姑庵，見到武則天，她難過得哭泣不止。這件事傳到王皇后耳裡，她就想：「既然皇上如此喜愛這個先帝寵幸過的才人，我何不做一次好人，把她接進宮來，打壓蕭淑妃的氣焰。」她打定主意，就派人把武則天接回宮中，李治很感激王皇后，對她的態度也稍有好轉，王皇后很高興，以爲是托了武則天的福，對她以禮相待。武則天表面上對王皇后感恩載德，侍奉皇后親力親爲。

自從武則天進宮之後，李治就冷落蕭淑妃，頻頻去探望武則天。王皇后知道蕭淑妃失寵後，就很得意地對母親柳氏說：「看來女兒的計策果然不錯，武媚一進宮，蕭淑妃就失寵了，看她以後如何囂張跋扈？」柳氏說：「你先別高興得太早，我看武媚這個人心機深沉，不是你想像的那樣簡單，你千萬不可掉以輕心。」王皇后說：「我看她挺乖巧的，做事又勤快，對我也很恭敬，不是母親想的那樣，是母親多慮了。」王皇后不聽柳氏的勸告，反而勸李治冊封武則天爲昭儀。

武則天升做昭儀之後，對王皇后依然謙恭有禮，她與王皇后相處日久，了解她性情淳厚，不懂得巴結宮婢。有一次，柳氏進宮探望王皇后，一名宮女不小心頂撞了柳氏，柳氏就對她嚴厲斥責。事後，這名宮女懷恨在心，就去找武則天訴苦。武則天安慰她一番後，把皇上賞賜給她的珠寶全都給了這名宮女。宮女對她心懷感激的說：「娘娘雖然只是一個昭儀，卻如此懂得體恤下人，比起王皇后實在是好得多了。」武則天說：「我以後還有許多地方需要仰仗你的幫助，如果皇后那邊有什麼動靜，請你一定要來告訴我。」武則天把所有與王皇后和蕭淑妃交惡的宮女、太監全都收買，所以她們那邊有什麼動靜，武則天都能第一個知道。

李治對武則天日漸寵愛，早已把蕭淑妃拋在腦後。王皇后見狀，開始擔心武則天會威脅到自己的地位，於是很後悔將她接進宮，就對柳氏說：「母親，如今武昭儀獨得聖寵，女兒依舊受到冷落，這該如何是好？」柳氏就責備她說：「我早就警告過你，武媚這個人不簡單，可你就是不聽。只怪你性情太過溫和，容易相信別人，事到如今也只能說是你作繭自縛。」

武則天不甘心只當一名昭儀，李治專寵她一人，惹來王皇后與蕭淑妃的怨懟，她擔心有一天會被她們加害，就決定要先下手爲強。有一次，她生下了一個公主，王皇后就去探望，逗弄小公主。武則天就暗中用被子把女兒給悶死，等到李治前來，她假裝歡笑說話，揭開被子一看，發現小公主已經氣絕。

李治就問身邊侍女說：「剛才誰來過？」侍女答：「剛才王皇后來過。」武則天哭得傷心欲絕，李治就很生氣的說：「皇后殺了我的女兒，以前她與蕭淑妃互相嫉妒誹謗，現在又做出這種事情來！」王皇后無法爲此事辯解，李治就更寵信武則天，就有廢掉皇后的念頭。

過了許久，李治想晉升武則天爲宸妃，群臣諫言說：「妃嬪有固定的數量名額，皇上欲立別號，這不合禮法制度，萬萬不可。」武則天知道之後，就誣陷王皇后和母親柳氏在宮中施行厭勝之術，詛咒皇上。李治對王皇后早就心懷怨恨，相信了武則天的話，要廢黜王皇后，雖然群臣諫阻，但最後王皇后還是難逃被廢黜的命運，被打入冷宮。

人物

武則天，名曌，唐代文水人（今山西省文水縣）。唐太宗時進宮，封爲才人，賜號「武媚」，太宗駕崩後出家爲尼。高宗李治即位，又將她接入宮中，冊封昭儀，後立爲皇后。高宗駕崩後，她臨朝稱制，不久又廢中宗，自立爲皇帝，改國號曰周。是歷史上唯一的一位女皇帝。晚年被迫歸政於中宗，尊她爲「則天大聖皇帝」。後世稱爲「武則天」。

釋評

每個人都有自己獨特的秉性材質，性情的差異，決定往後命運的不同。積極上進的人，雖然遭遇一時的挫敗，只要他不放棄力爭上游，中有出人頭地的一天；相反的，若是懶惰鬆懈的人，雖然擁有豐厚的家產，但他不懂得經營，揮霍無度，終有敗光的一日。

王皇后與武則天都是后宮嬪妃，但王皇后秉性單純，不懂得巴結身邊的人，容易相信他人，她萬萬沒想到武則天爲了陷害她，不惜悶死自己的親生女兒，這就是她敗亡的原因。反觀武則天，她一開始就汲汲營營，在她剛回到宮中時，對王皇后謙恭有禮，殷勤侍奉，讓王皇后對她打消戒心。獲得王皇后的信任之後，又巴結宮女、太監，掌握王皇后的把柄，雖然她心機深沉，但是也因爲她處心積慮向上攀爬，所以能夠打敗王皇后，朝權力的頂峰步步邁進。

名人佳句

性相近也，習相遠也。

這句話是孔子所說，摘錄自《論語》。意思是說：「人的本性是相近的，但後天成長的環境、風俗習慣，會導致人性格上的差異。」人的本性皆是善的，但因風土民情的不同，導致個性習慣上有所差異，也是因為這點差異，造就截然不同的人生。例如：生在積善之家，自然而然就會養成行善的習慣；若是生在到賊窩，耳濡目染，也會行偷竊之事。一個人將成為怎樣的人，是由他的性情來決定的，所以成長環境至關重要，不可不慎。

原文

物有別，衰相近焉。

譯文

萬物有所差別，唯一相同的是難逃衰敗滅亡的下場。

事典

王皇后的悲慘下場

武則天還是昭儀時就誣陷王皇后與其母柳氏用巫術詛咒皇上，唐高宗李治很寵信她，便信以爲眞，下詔廢黜王皇后，蕭淑妃也被貶爲庶民。沒多久，武則天在李義甫與許敬宗等朝臣的幫助下，當上了皇后。

一日，李治來到王皇后與蕭淑妃囚禁的地方探視，見到牢門緊鎖，只能從一個狹窄的洞將水和食物遞送進去，他見了就很傷感，問：「皇后、淑妃你們可還安好嗎？」王皇后與淑妃聽見了，一同辭謝說：「臣妾因爲有罪而被貶爲婢女，豈敢當得起這麼尊貴的稱呼？」說完就哽咽流淚。王皇后說：「皇上要是還顧念往日的恩情，就把這個地方取名爲『回心院』吧！」李治說：「朕即刻命人去辦。」

這件事傳到武則天的耳中，就下詔命人將她們各打一百杖，砍斷手腳，浸泡在酒甕裡。詔書送到囚禁王皇后與蕭淑妃的牢獄中時，王皇后跪拜接旨，認命的說：「陛下萬歲！武昭儀受寵，我被處死是遲早的事。」蕭淑妃則忿忿不平，罵道：「武媚那個狐狸精，性情反覆無常。我死後要變成貓，讓武媚變成老鼠，生生世世咬斷她的喉嚨。」有婢女聽說了，就來稟報武則天說：「那個蕭氏生前勾引皇上，死了還這麼不安份，眞是令人怨恨。」婢女說：「昔日王氏尊爲皇后，蕭氏貴爲淑妃，兩人互相妒嫉爭寵，這才讓娘娘有可趁之機。」武后說：「以前王氏仗著自己是皇后，看不慣蕭氏專寵跋扈，就算她們曾經身分有貴賤之別，如今不過一具枯骨，下場還不是一樣。」

武則天就將王皇后改姓蟒，蕭淑妃改姓梟，直到中宗即位時，才賜還她們原本的姓氏。

人物

王皇后，生於西元六二二年後，卒於西元六五五年，名不詳，籍貫并州祁縣。唐高宗第一任皇后，是元魏尚書左僕射王思政的玄孫女，父親是王仁祐，母親柳氏，舅父是中書令柳奭。因被武昭儀誣陷她和母親柳氏，以巫祝之術詛咒皇上而被廢。武昭儀冊封爲皇后後，被她所殺。

釋評

萬事萬物各有其材質、秉性的差異，然而唯一相同的是，都難逃滅亡衰敗的下場。人生在世不過短短百年，又有什麼好值得爭奪的呢！

王皇后曾經母儀天下，擁有後宮中最大的權力。就算蕭淑妃再得寵，也得屈尊在皇后之下，這兩個人身分上雖然有貴賤的差異，但一朝失寵，同樣都落得被武則天殺害的下場。

名人佳句

興衰隆廢，皆是物也。

這句話出自西晉陳壽編纂的《三國志》。意思是說：「隆盛衰敗，都是萬物的自然更替。」有生必有滅，有興必有衰，這是萬事萬物自然的生存法則。人們也應當順應此自然法則，當興盛之時，便要自我警惕，不可驕傲自滿，否則衰敗滅亡就會降臨。

解色學

原文

待己如人，大計不失。

譯文

對待自己如同對待別人，在大事上就不會犯錯。

事典

寬以待人的舜

上古時代五帝之一的舜，為人十分孝順，對待兄弟也很友愛，三十歲時賢名就傳遍天下。當堯帝問臣子有無可用的人才時，眾臣都舉薦舜。堯帝就將兩個女兒娥皇與女英嫁給他，藉以觀察他的品行；派九個兒子與他相處，藉以觀察他處世的態度。舜待人寬容謙和，當地的人都很喜歡他。舜在歷山耕種，歷山的人受到舜的薰陶，不僅不互相爭奪田地，還會彼此禮讓田的邊界，誰也不肯佔對方的便宜。堯在雷澤捕魚，雷澤這個地方的人不但不互相爭奪魚獲，還會互相謙讓捕魚的地方。舜在黃河水濱製作陶器，做出來的陶器都很精細，沒有低劣的次品。人們都很仰慕舜的德行，所以紛紛遷居到舜居住的地方，一年聚集成小部落，兩年發展成小市鎮，三年擴大爲一座城。堯帝的兒子將所見所聞如實稟告父親，堯帝聽了很驚訝，就問他的兒子說：「爲什麼舜如此受到人們的喜愛呢？」兒子回答：「他對待自己很嚴苛，對待別人卻很寬容；遇到爭執時，他先檢討自己的對錯，而不去問對方的是非。」堯帝聽了非常高興，就賞賜舜一件衣服和一張琴，並爲他建築一座穀倉，以及一群牛羊。

舜的繼母嚚不喜歡他，她只偏愛自己的兒子象。嚚經常在丈夫面前說舜的壞話，舜的父親瞽叟受到繼室的挑唆，也逐漸厭憎舜，便生出殺害他的念頭，象也聽信母親的讒言想要誅殺兄長。一次，瞽叟叫舜去修繕穀倉的屋頂，趁舜爬到屋頂上時，瞽叟在下面放火焚燒穀倉。危急之際，舜就用兩個斗笠擋住身體，從屋頂上跳下去，才得以逃脫。瞽叟見一計不成，又生一計，藉口叫舜去鑿井，等他鑿得很深時，瞽叟和象就把井填滿。舜另鑿一條小道，從另外一口井爬上來。瞽叟和象都以爲舜必死無疑，額手稱慶。象沾沾自喜的說：「這條妙計是我出的，舜的兩名妻子娥皇、女英以及堯帝賞賜的琴都歸我了。至於牛羊和穀倉就留給父親和母親吧！」象就搬到舜的房子裡去住，彈奏他的琴。這個時候舜前往拜見，象見到他非常驚訝，然後又故作鎮定的說：「我正在因爲思念哥哥而悶悶不樂。」舜知道象想要謀害他，故意不點破，點點頭說：「我想差不多也是這個樣子吧！」舜侍奉父親依然非常孝順，對待弟弟也友愛如故。友人知道實情後，就去告訴舜，並對他說：「你的父親和繼母想要謀害你，就連你的弟弟也不安好心，你爲什麼還要對他們這麼好呢？」舜回答說：「侍奉父母是爲人子女的本份，友愛兄弟也是做兄長應該做的。至於他們如何對我，那是他們的事情。」友人說：「你的繼母和弟弟想要謀害你也就算了，可是連你的親生父親也想殺害你，你心中難道就沒一點怨恨嗎？」舜回答說：「如果我做錯了事，我很容易就能找到藉口原諒自己，既然如此，那別人做錯了事，爲什麼我不能像原諒自己那樣去原諒他人呢？」

這件事傳到堯帝的耳裡，堯帝又接連試探舜的治國才能，覺得他堪當一代明君，於是就把帝位禪讓給舜。

人物

舜，上古五帝之一。姓姚，名重華。建國於虞，故又稱爲「虞舜」。侍奉父母至孝，友愛兄弟。堯帝聽說他的賢名，讓他攝政三十年，後禪讓天子位於舜。在位四十八年，後傳位於禹。

釋評

人犯了過錯，往往會爲自己尋找藉口，很容易就原諒自己；他人若是犯了點小錯就嚴厲指責，絲毫都不能容忍。如此雙重標準，容易招致他人的怨恨，且輕易原諒自己的過失，就不會在小地方改進，等釀成大禍就悔之晚矣。所以說，對待自己要和對待別人一樣，若是對自己寬容，也要對人寬容；若是對自己嚴苛，也要對他人嚴苛，如此就不會犯下大的過錯，而招致禍患。

舜就是一個能恪守本份的人，在家孝順父母、友愛兄弟；出外待人謙恭寬容，所以他能受到大家的歡迎。即使父親和弟弟想要取他的性命，他也能不計前嫌，一樣的孝順父母和友愛兄弟，正是因爲他懂得「待己如人」這個道理。

名人佳句

君子求諸己，小人求諸人。

這句話是孔子說的，摘錄自《論語》。意思是說：「君子做錯了事，會先檢討自己；小人做錯了事，則會苛求他人。」人往往對待自己很寬容，做錯了事先怪罪別人，不懂得自我檢討，孔子認為只有小人才會這樣。君子是有修養的人，懂得自我檢討，不論誰對誰錯，先檢討自己哪裡做錯，而不會把過錯怪到別人的身上。所以君子在待人處事上，對待自己很嚴苛，對待別人很寬容，在小事上不斷修正自己的過失，在大事上就不容易犯錯了。

解厄學

原文

智不及事，非察莫中。

譯文

周詳的計謀趕不上事態的變化，不仔細觀察無法做出正確的研判。

事典

謀反失敗的安祿山

安祿山本為胡人，因通曉蕃語，驍勇善戰，又熟悉當地的地形，所以受到幽州節度使張守珪的舉薦，他入朝晉見唐玄宗時，應答頗合玄宗的心意，逐漸受到玄宗的器重。適逢契丹滋擾唐朝邊境，李林甫認為要用蕃將對付契丹，玄宗就更加寵信他。安祿山為人善於諂媚皇帝，心機深沉、詭計多端。他故意裝出一副愚笨的樣子，趁機向玄宗上奏說：「臣生於外族，得到陛下太多的恩寵，卻無特殊才能可以報效朝廷，唯有用這條命報答陛下的隆恩。」玄宗覺得他一片赤誠，就很憐惜他，命他晉見皇太子，安祿山卻不跪拜，身邊的人就指責他傲慢無禮。安祿山說：「臣不了解朝廷的禮儀，皇太子是個什麼官呢？」玄宗說：「我百年歸老後就將傳位給他。」安祿山就道歉說：「臣愚鈍，只知陛下而不知太子，罪該萬死。」於是向皇太子行跪拜禮。玄宗聽了之後，龍心大悅，對安祿山寵信不疑。安祿山從這時起就有了謀反的念頭，命部下在京城居住，窺探朝廷動向，等待可趁之機。他晚年體型肥胖，腹部下垂碰到膝蓋，爲了討好玄宗跳《胡旋舞》仍動作靈敏，像風一樣迅速。玄宗看著他的腹部就問：「胡人的腹部裡裝著什麼東西，可以這麼大呢？」安祿山回答：「臣腹部如此肥大，是因爲裡面裝著一顆赤膽忠心。」玄宗聽了非常高興，在京城爲他修建府邸。

安祿山表面上討好皇帝，私底下暗中招兵買馬，收買外族將領，凡是投降的蕃夷就對他們曉以恩義，有不服從的，就藉著兵威脅迫控制他們，讓他們報告邊疆外族的內部情況，所以他對蕃夷的底細知道得非常清楚。等到唐玄宗年老，唐朝臣民百姓習慣了安逸的生活，對邊疆將領的管制也稍有鬆懈，安祿山擁兵自重，謀反的企圖就更加明顯了。當時楊貴妃受到玄宗的寵信，她的堂兄楊國忠出任宰輔禍亂朝政，安祿山與楊國忠不合，就起兵叛變。他謊稱是奉密詔討伐奸臣楊國忠，將榜文送到各郡縣，高尙、嚴莊等人爲他出謀劃策，召集兵馬十五萬，從燕州一路打到洛陽，聲勢浩蕩。

叛軍佔據東都洛陽後，見到華麗的宮殿，就只想享受帝王的生活，無心征戰之事。安祿山僭越自稱雄武皇帝，分封諸子爲王，委任百官。叛軍一直沒有朝長安進發，這給朝廷足夠的時間集結兵馬討伐叛軍，叛軍節節敗退，安祿山很惶恐，想要撤軍回范陽，將高尙、嚴莊召來，斥責他們說：「我起兵叛變時，你們告訴我萬無一失，現在四方圍剿的兵馬聲勢日漸浩大，如今我軍無法西進，你們的謀略何在，還來見我做什麼？」就將兩人逐出大殿。幾日後，田乾眞前來勸安祿山說：「自古帝王開創功業，勝敗乃是常事，能成就功業者，沒有一戰就能成功的。現今雖然四方討伐我軍的兵馬眾多，卻非是我方的對手。就算謀反不能成功，我們還有數萬兵馬，還能橫行天下十載。高尙、嚴莊是從你起兵開始就一直跟隨你的功臣，怎麼能因爲這點小事，就與他們斷絕來往，這不是自取禍患嗎？」安祿山聽完之後很高興，就稱呼他的小名說：「阿浩，若非是你提點我，我還不知該怎麼辦呢？」田乾眞說：「你可以把他們召來勸慰一番。」安祿山遂聽從他的建議，把高尙、嚴莊召來，設宴款待，君臣和好如初。

安祿山發兵攻打長安，沒料到玄宗已經逃走了。叛軍還沒抵達長安時，盜賊已將値錢的東西搶掠一空，等安祿山到達長安，發現將相侯府的金銀珠寶已經被搶光了，十分惱怒，就大規模搜索，連平民百姓的錢財也不放過。又殺害皇室親族，凡是追隨玄宗的臣子都將他們誅殺。胡人的天性是一旦得償所願，就恣意妄爲，如此殘暴擾民，願意追隨他的人就更少了。安祿山對待臣子苛薄寡恩，即使是心腹部屬，也不講情面，所以人心渙散，沒有人願意再效忠他，安祿山最後被身邊侍奉的僮僕持刀所殺。

人物

安祿山，唐營州柳城人（今河北省舊永平府境）。胡人，本姓康，初名阿犖山，又作軋犖山。奸詐多智謀，擅於揣測上意，阿諛奉承，精通六蕃語言。天寶末年，起兵造反，攻陷洛陽，後又攻打進入長安，自稱燕帝。性情暴虐，苛薄寡恩，最後被他的兒子安慶緒聯合心腹大臣嚴莊、僮僕李豬兒所殺。

釋評

世事無常，即便是再詳細的計畫也會遭遇到難以預料的變數，所以對局勢要冷靜詳細的觀察，才能做出準確的判斷，如此就可以免除災禍。

安祿山爲了造反做了周詳的準備，可是他沒有料到眞正起兵造反時，叛軍被朝廷的兵馬打得節節敗退，這是他始料未及的。一朝失敗，他就氣急敗壞亂了陣腳去辱罵心腹大臣，若非田乾眞一番勸導，早已君臣離心。等叛軍打到長安，沒預料到玄宗已經出逃，安祿山又大舉搶掠錢財，以致民心離散；誅殺擁戴玄宗的宗室、臣子，更是怨聲載道。他對待臣子又苛刻，最讓他想不到的是，最後竟是被身邊的僮僕所殺。安祿山的失敗除了他無法冷靜的觀察局面，做出準確的分析研判之外，還有他的殘暴無道，才是他敗亡的眞正原因。

名人佳句

計畫永遠趕不上變化。

這句話是當代企業家郭台銘所說，摘錄於《郭台銘成功語錄99則》。意思是說：「局勢發展難以預測，擬定好的計劃往往跟不上局勢變化。」我們常常會為未來做好規畫安排，但世事變化無常，不能盡皆如人所願，按照擬定好的計劃去發展。所以要有冷靜的頭腦對局勢做出準確的分析判斷，才能修改計畫以達到預期的效果，如果因為事情發展無法按照計畫進行就手忙腳亂，不僅會使得計畫功虧一簣，還會為自己帶來災禍。

原文

人心多易，非思難度。

譯文

人心多變，不謹愼揣測無法了解他人的想法。

事典

易於信人的楊貴妃

楊貴妃是唐玄宗的寵妃，她精通音律，擅長歌舞，而且聰穎過人，很能揣摩玄宗的心意，因此她一入宮就受到萬千寵愛，後宮佳麗盡皆失寵。宮中的人都稱她爲「娘子」，她雖然只是個貴妃，享受的特權禮遇等同皇后。她的親族也都因爲她專寵而加官晉爵，她的堂兄楊國忠也逐漸顯貴，最後還當到宰輔，地位等同宰相。楊貴妃喜歡吃荔枝，而且一定要吃新鮮的，玄宗就命人以驛馬傳送，運到宮中時還是鮮豔的紅色。

安祿山受到玄宗的寵信，他得知玄宗寵愛楊貴妃，於是就對玄宗說：「臣聽聞楊貴妃端莊賢淑，若能有這樣的母親悉心教誨，臣於願足矣。」玄宗就應允他的請求，讓楊貴妃收他爲養子。安祿山每次晉見皇帝與貴妃時，必先拜楊貴妃然後再拜玄宗。唐玄宗就覺得很奇怪，就問他說：「朕乃天子，你應該先跪拜朕才是，怎麼先拜貴妃呢？」安祿山狡辯說：「臣乃外族人，我們的禮俗都是先拜母親然後再拜父親。」玄宗聽了非常高興。安祿山爲人頗有心機，很懂得討楊貴妃的歡心，把她當成母親來侍奉。楊貴妃很喜歡他，每次他入朝晉見，楊貴妃都要設宴來款待他。楊貴妃的心腹侍女就對她說：「奴婢覺得安祿山此人心懷鬼胎，表面上對娘娘畢恭畢敬，心裡卻垂涎帝位，恐怕不久就要謀反，娘娘千萬不要太過相信此人，以免禍延自身。」楊貴妃就說：「這些都是道聽塗說之言，安祿山本爲蕃人，得到陛下破格提拔，難道陛下也識人不清嗎？」她並未把侍女的話放在心上。

幾年過後，安祿山起兵謀反，以誅殺奸臣楊國忠爲名，還指出楊貴妃與楊氏一族的種種罪行。消息傳到楊貴妃的耳裡，她哭泣說：「陛下賜予他高官厚祿，又讓我收他爲義子，難道待他還不夠好嗎？爲何他要謀反？」心腹侍女說：「奴婢早就提醒過娘娘要提防安祿山此人，正所謂人心難測，娘娘總是不聽，如今釀成大禍，該如何是好？」楊貴妃也六神無主，趕緊召楊國忠入宮商議對策。楊國忠對她說：「陛下命太子出征討伐安祿山，待他平亂後要傳位給太子。若眞是如此，娘娘您的地位就岌岌可危，我們楊家也要失去權勢了。」楊貴妃聞言，就口銜土塊請求玄宗賜她一死，玄宗於心不忍，遂改變主意。

玄宗帶著楊貴妃逃到馬嵬坡（今陝西省興平市），將士們飢餓疲憊，大軍無法繼續前行。陳玄禮等人就散播謠言，說這是因爲楊國忠禍國所致，眾將士非常憤怒亂刀將楊國忠砍死。楊國忠死後，眾將士仍不罷休，將玄宗包圍起來。玄宗就派宦官高力士去詢問原由，他們說：「楊貴妃迷惑君王，一人受寵，楊家都受到封賞，才給了楊國忠升任宰輔的機會，讓他有機會禍亂朝政。她才是罪魁禍首，奸妃一日不死，臣等便一日不散去。」玄宗不得已，只好下令處死楊貴妃，行刑前，玄宗哭泣著與她訣別。楊貴妃淚流滿面說：「陛下曾說願與臣妾比翼雙飛，至死不渝，今日卻爲了大軍不發，就要處死臣妾，難道忘了昔日說過的話了麼？」玄宗嘆氣說：「朕又何嘗願意，朕也是被逼無奈，否則絕對不會處死愛妃。」楊貴妃說：「什麼海誓山盟，都是虛言！原來在陛下心中，臣妾比不上陛下的江山社稷。臣妾眞是傻，人心最是難測，居然相信安祿山的口蜜腹劍，以及陛下的山盟海誓。陛下不必再多言，臣妾赴死便是。」楊貴妃被士兵帶走，在路旁的佛寺下被處死，屍體用紫色的褥子包裹，埋在路邊。

人物

楊貴妃，本名楊玉環。唐代蒲州永樂人。精通音律，擅長歌舞。原是壽王李瑁的王妃，後出家爲女道士，號太眞。入宮後，受到玄宗的寵愛，封爲貴妃。安祿山起兵造反時，玄宗逃至馬嵬坡，最後貴妃被縊死在路邊的佛寺下。

釋評

人心最難揣測，有時候表現出來的樣子，並非代表他人心中眞實的想法，如果不謹愼思考，容易被他人的假面具所蒙騙，而做出錯誤的判斷，就會爲自己帶來災禍。

安祿山就是善於僞裝的人，他表面上對楊貴妃畢恭畢敬，其實只是利用她獲得玄宗的寵信，以便他實現他謀權篡位的野心。楊貴妃沒有察覺到他的眞實目的而受其蒙騙，等到安祿山叛變後，玄宗又爲了自己的權位與性命不得不犧牲她。楊貴妃恐怕到死到臨頭才察覺到，即使是夫妻之情，也有可能在一夕之間煙消雲散，這就是人心最難揣測的地方。

名人佳句

深淵有底，人心難測。

這句話是中國當代著名作家劉震雲所說的，摘錄自他的小說作品《我叫劉躍進》。意思是說：「人心比萬丈深淵更難測度，深淵尚有盡頭，人心的變化卻是難以預料。」有些人表面上一個樣子，私底下又是一個樣子。遇到一些重大變故，即便是與你肝膽相照的兄弟，也有可能在關鍵時刻出賣你。所以不要輕易相信他人，謹愼注意別人的舉動，以防自身因利益被犧牲。

解厄學

原文

俗不堪親，非禮無存。

譯文

世俗之人不值得親近，不依禮行事則無法立足於世間。

事典

父佔子媳的衛宣公

春秋時代的衛宣公很寵愛夫人夷姜，夷姜生了一兒子，取名爲伋。宣公將他立爲太子，宣公替太子向齊國求親，齊國答應將公主許配給伋爲太子婦。媳婦尚未過門，宣公聽說齊國公主長得美貌無雙，就想將她納爲己有。有大臣聽說此事，就向宣公勸諫說：「太子雖然尚未正式迎娶齊國公主，但是雙方已經說好是爲太子娶親，也已經下了聘禮。名義上就是大王的媳婦，大王若是娶她爲妻，豈不是強佔子媳，於禮不合嗎？」宣公說：「寡人乃衛國之君，想娶誰難道還要看臣子的臉色嗎？」大臣說：「臣看到大王有過，若不直言勸諫，有失爲臣之道。」衛宣公不聽從大臣的勸諫，執意將子媳納爲己有，又另外替太子娶了一房媳婦。衛宣公很寵愛這位齊國公主，不久，她生下子壽和子朔兩個兒子，宣公命左公子輔佐他們。

朔想要當儲君已久，一直苦無機會。太子伋的母親過世了，太子失去靠山，朔就與宣公正夫人密謀，想找機會剷除太子。朔對宣公說：「啓稟父王，兒臣聽說太子一直對父王搶了他的妻子而耿耿於懷，對父王心懷不滿，到處散播對父王不利的謠言。」宣公聽了非常惱怒，就想要殺了太子。大臣聽說此事，又向宣公勸諫說：「太子侍父至孝，怎會對大王懷恨在心，太王千萬不要聽信小人讒言，冤枉了太子啊！」宣公不聽，派遣太子伋前往齊國，給他一面以犛牛尾裝飾的旗子，並告訴邊界的盜賊看到手持這面旗子的人就殺掉他。臨行前，太子的同父異母的弟弟壽聽到了這個消息，知道是宣王厭惡太子想要殺掉他，就去對太子說：「大哥，父王派你前往齊國是個陰謀，邊界的盜賊接到父王的命令，只要見到持有犛牛尾旗子的人就殺掉他，你千萬不要去啊！」太子伋回答說：「要我違背父王的命令而獨自求生，我絕對做不到。」說完，就出發了。壽見太子伋不聽他的勸告，就偷走太子的旗子，飛馳到邊界，比太子先到達。邊界的盜賊看見旗子，就把壽誤當成太子殺掉了。這個時候，太子伋也到了，對盜賊說：「我才是你們要殺的人。」盜賊就一併把他殺掉，回去向宣公覆命。

宣公就立子朔爲太子。第二年，宣公薨逝，太子朔即位爲衛惠公。大臣們都很不滿朔即位爲國君，原因是惠公向宣公進讒言，殘殺手足，取代太子伋的地位。於是接連犯上作亂，推翻惠公，另外擁立太子伋的弟弟黔牟爲國君，惠公只好逃到齊國去。

人物

衛宣公，姓姬，名晉，春秋時代衛國第十五任國君。

釋評

這裡的世俗之人，指的是爲了追求名利權勢而不擇手段的人，這樣的人不值得與他來往深交，因爲他們會爲了一己私欲而逾越禮法。不遵守禮法綱常的人，會引起別人的輿論抨擊，最後身敗名裂，無法在世間上立足。

衛宣公貪圖美色，而不顧倫常強娶自己的兒媳婦爲妻，受到臣民百姓的議論。他的兒子朔覬覦太子之位，慫恿宣公殺了自己同父異母的哥哥太子伋，自己取而代之，這是不顧兄弟之手足之情。雖然朔登上國君之位，但沒多久就因爲這件事而被自己的臣子給推翻，很快地便失去權位。所以說，遵守禮法是我們立足於世間的第一要素。

名人佳句

人無禮則不生，事無禮則不成，國家無禮則不寧。

這句話是戰國時代荀卿所說的，摘錄自《荀子》。意思是說：「人沒有禮則無法生存，事情不依循禮則無所成就，不以禮治國則上下作亂。」禮對於人的行為做出規範，這種規範是非強制性的，但是如果逾越了倫常禮法，將會受到世人的指責唾罵與自己良心的責備。對於個人的行為來說，不按照禮來行事則無法生存在世界上，甚至會失去作為一個人的資格。在待人接物上，不按照禮的規範去做，什麼事情都不會圓滿成功。在治理國家上來看，不按照禮來治國，臣子可以為了一己私欲而弒君；兒子可以為了一己私欲而弒父。如此臣子沒有臣子的樣子；兒子沒有兒子的樣子，整個國家都要亂了，百姓自然沒有安寧的日子可過。所以，禮是一個人待人處世的根本原則。

解厄學

原文

憂身者無邪，正而久焉。憂心者無疚，寧而吉焉。

譯文

擔憂自身受到損傷的人，不會遭遇到災難，自身持正就能常保平安。害怕心中不安的人，不會感到愧疚，內心寧靜則諸事順利。

事典

分毫不取的曹彬

北宋名將曹彬，在輔佐宋太祖趙匡胤統一中國，開創北宋王朝之前，是後周太祖郭威張貴妃的外甥，蒲地統帥王仁鎬因他與張貴妃的關係而對他特別禮遇。有一次，官府舉辦宴會邀請他前往赴宴，曹彬待人謙恭有禮，不因自己是皇親國戚就目中無人。王仁鎬對身邊的人說：「老夫以爲自己日夜私毫不懈怠，今日見到曹彬端莊持重，才知道自己是多麼的散漫啊！」自此之後，曹彬莊重自持的名聲就在朝野中傳揚開來，人人都知道他治軍嚴謹、衣著樸素，非份的錢財他一分一毫都不取用。

不久，周太祖郭威駕崩，後周世宗柴榮即位。適逢世宗要派遣使臣到吳越去，正在爲人選傷腦筋，有大臣就向世宗建議說：「臣聽聞曹彬此人正直謹慎，從來不貪污納賄，陛下何不派他出使吳越呢？」世宗說：「當今亂世，當官的哪有不愛錢的呢？朕不相信眞有這樣的人。」大臣說：「臣願與陛下打賭，若是輸了，情願辭官退隱。」世宗也想知道曹彬是否眞如這位大臣所說的清廉，於是便派遣他出使吳越。曹彬傳達帝王的詔命後就馬上返回，吳越地方官員送給他的禮物，一概不接受，回程的船啓航後，吳越人還乘輕舟去追趕他，一定要他將禮物收下。曹彬見狀，覺得不好推辭，便說：「我若是堅持不肯收下，那便是沽名釣譽了。」這才勉爲其難的收下禮物，他命隨從將禮物羅列一份清單，返回朝廷後，他將禮物全都上報給官府，一樣也沒留下。世宗爲了測試他是否眞的不貪財，就故意將禮物賜還給他，因爲是帝王的賞賜，曹彬不好推卻，只好恭敬的收下。他將賞賜全都分送給親朋好友，自己一分錢都沒有留下。有朋友覺得曹彬實在是太傻了，就問他說：「這禮物既然是陛下賞賜，就是名正言順，你爲何不自己留著，反而要將它全部分送出去呢？」曹彬回答說：「陛下命我出使吳越，這是我份內該做的事，至於吳越人所贈的禮物不是我該得的，所以我將禮物都上交官府。陛下體恤我的辛勞將禮物賜還，但我已經領了朝廷的俸祿，怎能再多收非份的錢財呢？」

朋友說：「當今天下，哪個當官的不是錦衣玉食，只有你身穿布衣，吃的是素菜素飯，爲何要這樣委屈自己？」曹彬說：「那些官員的錢財都是搜刮民脂民膏而來，爲了他們自身可以穿著綾羅綢緞，不知多少百姓受挨餓受凍。我並非不想過著錦衣玉食的生活，但一想到還有百姓飢寒交迫，就算山珍海味放在我面前，我也沒有胃口。」這件事傳到世宗的耳裡，他這才相信曹彬真的是一名清廉正直的好官，對他另眼相看。

世宗駕崩後，由他年僅七歲的兒子柴宗訓即位，是爲後周恭帝。隔年，陳橋兵變發生之後，叛變將士擁立趙匡胤爲帝，大軍回到京城後，恭帝禪位於他，成爲北宋的開國皇帝，是爲宋太祖。

乾德二年趙匡胤派兵攻打後蜀，分別派遣王全斌等人領軍翻越秦嶺前往攻打；又派遣劉光毅等人領一支軍隊沿著長江由西進攻，命曹彬爲監軍。戰勝蜀人之後，諸位將領都想屠城來滿足自己的私欲，只有曹彬嚴格的約束自己的部下，下令不可任意屠殺、搶掠百姓，趙匡胤得知此事後，下詔褒獎他。兩川平定後，王全斌等人日夜飲酒作樂，不體恤將士辛勞，又恣意掠奪蜀人財物，蜀地百姓苦不堪言。曹彬看不下去，就勸王全斌說：「將軍整天只顧享樂，全不顧惜蜀國百姓性命，這樣下去恐怕不久將軍就要大禍臨頭了，如果你還愛惜自己的生命，就不要再做一些傷害百姓的事情了。」王全彬反而破口大罵道：「蜀國既然戰敗，當地的百姓與財物都是我們的戰利品，我的部下跟隨我出生入死，我犒賞他們有什麼不對，你有什麼資格對我說三道四。」曹彬見他聽不進去，就請求班師回朝，王全斌不予理會。

後蜀投降的軍隊無法忍受王全斌的暴虐，於是發生叛變，曹彬又與劉光毅平定叛軍。當時很多將領都趁機搜刮財物，只有曹彬分毫不取，他的行李中只有幾本書、衣服和被褥而已。班師回朝後，趙匡胤得知詳細情形，就將王全斌交給掌管獄訟的官吏審訊。趙匡胤認爲曹彬清廉耿直，行事謹慎，就晉升他的官職。曹彬入朝辭謝說：「參戰的將士全都受到處罰，只有臣一人受到封賞，恐怕受之有愧。」趙匡胤說：「此次戰役，卿居功厥偉，又不居功自傲，倘若你行事有絲毫的偏差，其他大臣怎麼會不彈劾你呢？再說，將領有過失的該罰，有功勞的該賞，這是國家的法度，你不必謙讓。」曹彬這才接受。

人物

曹彬，字國華。眞定靈壽（今河北省石家莊市靈壽縣）人，北宋初年名將，輔佐宋太祖趙匡胤統一中國，結束五代十國藩鎭割據的局面，擔任消滅南唐戰役中的主將。

釋評

愛惜生命的人，不會去做違法犯禁的事情，因爲他們知道觸犯法網終難逃過法律的制裁，所以想要讓自己常保安樂，最好的方法就是克制私欲、堅守正道，這樣災禍就不會降臨。有些人做錯事沒有受到懲罰，但他們卻逃不過良心的譴責，一輩子惴惴不安，這樣每天都在愧疚中渡過，心靈難保平靜。讓心靈保持平靜最好的方法，就是不去做會讓良心不安的事情，這是善待自己的絕佳方法。

名人佳句

禍兮福之所倚，福兮禍之所伏。

這句話是春秋時代老子所說的，摘錄於《道德經．五十八章》。意思是說：「一件是表面上看起來是禍，而福緊跟其後；表面上是福，而禍埋伏於後。」貪贓枉法、騙人錢財的人，固然可以在短時間致富，然而一旦被人擒獲、檢舉，就難逃法律的制裁，這個時候災禍就降臨。同樣的，嚴以律己、清廉的官吏雖然過著貧窮的生活，看起來雖然是禍；卻是認真為百姓做事，至少能無愧於心，這個便是福了。

第五卷

求實卷

致遠者實，近利者虛。眾趨者慎，己悅者進。

不拘於書，則不失於本。不求於全，則不損於實。人無賤者，惟自棄也。

大智無詐，順乎天也。小智無德，背乎情也。識察勿憂，憂弗學也。

苦勞而少獲，非實之過也。閒逸而多得，乃實之旨焉。

解厄學

原文

致遠者實，近利者虛。眾趨者慎，己悅者進。

譯文

常謀遠慮的人才算是腳踏實地，短視近利的人始終白忙一場。眾人趨之若鶩的事情要慎重，自己喜歡的事要勇於去做。

事典

急於削藩的朱允炆

明惠帝朱允炆還是皇太孫時，曾經坐在東角門旁，恰好太常寺卿黃子澄經過，對他行禮，朱允炆就問他說：「分封各地的諸王都是皇室宗親，他們擁兵自重，目無法紀，這該如何是好呢？」黃子澄回答說：「諸王麾下的護衛兵只能守護他們的領地，倘若天子發兵又有誰能抵擋得住呢？況且，漢代的七國並非不強，可是最終還是被消滅。只要天子師出有名，以正當的理由去討伐他們，縱然敵人再強大，始終還是邪不勝正。」朱允炆覺得他說的很有道理。等到他即位後，任命黃子澄兼任翰林學士，與齊泰共同參與國政。

一日，朱允文召他入宮，對他說：「先生還記得以前我們在東角門的談話嗎？」黃子澄叩頭說：「臣怎敢忘記。」他回去後就和齊泰商量，齊泰認為應該先討伐燕王。黃子澄反對說：「我認爲應該先攻打周王，先帝在位時周、齊、湘、代等諸王就做了許多違法的事，這樣才師出有名。周王是燕王同母的弟弟，剷除了他就等於斬斷燕王的左膀右臂。」兩人謀畫完畢，第二天就進宮稟報皇帝。剛好這時有人舉報周王朱橚有違法的行爲，朱允炆就命李景隆率兵襲擊，成功逮捕了周王。朱允炆命掌管獄訟的官員審問周王，他給出的供詞牽連到湘、代諸王，於是就頒詔將周王朱橚與岷王朱楩貶爲平民，又分別拘禁代王與齊王，湘王朱柏被逼自焚身亡。朱允炆下詔，要燕王舉出周王的罪狀，燕王上書替諸王求情。朱允炆看完之後神色哀戚，就召來群臣商議，認爲討伐諸王的行動應該停止。黃子澄與齊泰力勸朱允炆不可心軟，要繼續剷除諸王的行動。黃子澄說：「事已至此，正所謂箭在弦上不得不發，陛下怎能不當機立斷呢？現在值得憂慮的只剩下燕王，陛下應該趁他稱病的時候出兵襲擊他。」朱允炆猶豫的說：「朕剛即位不久，就接二連三廢黜諸王，如果現在又消除燕王，要如何向天下人解釋呢？」黃子澄回答說：「先下手爲強，後下手遭殃。陛下若不趁此良機剷除燕王，若給他苟延殘喘的機會，等到燕王反撲，到時候就後悔莫及。」朱允炆說：「燕王素有智謀，又善於用兵，即使臥病在床，恐怕一時之間也難以攻下。」於是就終止削燕的行動。但在黃子澄與齊泰的勸說下，將燕王的三個兒子囚禁在京師藉以要脅他，又削弱他的兵權。

這時燕王心中憂慮恐懼，由於三個兒子在京城爲質而不敢輕舉妄動，自稱病情嚴重，乞求將三個兒子歸還。齊泰堅決反對，黃子澄說：「不如答應他的請求，將他的兒子放回，讓他放下戒心，我們可以趁機襲擊。」於是就將燕王的三個兒子放回去，沒多久燕王起兵謀反，出兵的理由是「靖難」，他指出黃子澄與齊泰兩人是奸臣，慫恿皇帝削藩造成國家動亂，他正是爲了平定內亂、肅清朝野而發兵。起兵之日，燕王流著淚對眾將士說：「陷害諸王並非是天子的本意，這都是奸臣黃子澄與齊泰幹的好事，本王今日起兵完全是被逼迫的，若不如此，遲早被這兩個奸臣給害死。」這個消息傳到京城，齊泰請求朱允炆除去燕王的宗室譜籍，有大臣反對他的建議，齊泰說：「明白的指出他是反賊，叛亂才能平定。」朱允炆聽從他的建議，與眾位大臣商議出兵討伐反賊，並下詔公告於天下，說：「國家不幸，骨肉至親接連造反。去年，朱橚圖謀不軌，他的供詞牽連燕、齊、湘三王。朕念在皆是骨肉至親，只將朱橚貶爲庶民。沒想到燕王朱棣竟然起兵造反，朕不得已才出兵平亂。」

燕王剛起兵時，朱允炆以爲聚集天下的兵力，攻打一個封國很容易，但是天子派出的軍隊接連戰敗，他才開始恐慌。朱允炆爲了安撫燕王，就免除了黃子澄與齊泰二人的官職，向燕王謝罪。燕王聽到這個消息之後，認爲這是朱允炆的緩兵之計，攻勢更加猛烈。終於，京城失守，有傳言說朱允炆從地道逃跑了。至於實情如何，至今無人得知。

人物

明惠帝朱允炆，是明朝第二代皇帝，年號「建文」，明太祖朱元璋之孫。他在位期間推行寬政、削藩的改革，歷史上稱「建文改制」。但因他急於削藩引來諸王不滿，燕王朱棣不得已起兵謀反，發動靖難之變攻入京師，自立爲帝是爲明成祖。惠帝傳聞是從地道逃脫，至今下落不明。

釋評

世俗人大多短視近利，只貪圖眼前的利益，不肯腳踏實地的去做事，所追求的名利權勢如同過眼雲煙，轉瞬即散。只有眼光長遠、勤勞耕耘的人才能常保安樂；追求短暫利益的人，最終災禍臨頭，一切的努力都將化爲泡影。這些短視近利的人，大多都是追隨潮流，跟隨大眾的腳步去走，對於自己眞正想做的事卻不敢堅持，一但發現努力追求的名利權勢，只不過是鏡花水月，那時再想回頭卻爲時已晚。

朱允炆是一個仁愛寬厚的好皇帝。他看到諸王倚仗自己的封地與兵權，時常做些違法的事，就想要徹底解決這個問題，以正國家綱紀法度。只是他太急躁，只看到眼前的利益，卻沒顧慮到自己登基不久，政治都還沒上軌道，就急於削藩。此舉引來諸王的不滿，最終逼迫燕王朱棣起兵謀反，而他自己也被拉下皇位。

朱允炆之所以會失敗，是因爲聽信黃子澄與齊泰的話，覺得削藩是一件很容易的事，而做出錯誤的判斷。所以在做決斷的時候，不要一味聽信他人的話，要能看清事情的眞相，去分辨怎麼做才是對自己最有利的。一但決定好的事情，不管別人怎麼議論，都要堅持自己的想法，努力的朝目標前進，這樣才能避免失敗獲得成功。

名人佳句

仁人者正其道不謀其利，修其理不急其功。

這句話是漢代董仲舒說的，摘錄自《春秋繁露．對膠西王》。意思是說：「有仁德的人應堅守正道，不為一己之私利而圖謀；修身、恪守本心而不急功近利。」真正的仁德君子是不會貪圖眼前的蠅頭小利，而違背堅守的正道，因為他們能克制自己的私欲不會被其蒙蔽，所以不會急功近利，能務實的靜心修身。

解厄學

原文

不拘於書，則不失於本。

譯文

不拘泥於書本上的教誨，則能洞察事務的本質。

事典

不拘泥於古法的姜維

三國時代的劉備自立爲漢中王之後，把國都遷到成都，欲派一名得力的將領鎮守漢中以抵禦魏軍的攻擊。大家都以爲劉備一定會派張飛擔任此要職，張飛也覺得這個職位非他莫屬。劉備卻派魏延鎮守漢中，軍中將士們都感到很驚訝。

劉備當著眾將士的面問魏延說：「我將大任交託於你，你處在這個位子上想做些什麼呢？」魏延回答：「曹操若是率領大軍來攻，我爲大王抵擋他們；若是一名偏將只率十萬兵馬來襲，我就爲大王吞併他們。」劉備對他的回答很滿意，眾將士也覺得他言語中充滿豪情壯志。

魏延鎮守漢中的辦法，是採用《周易》裡記載的「重門」之法，設置數道門，敲擊梆子巡夜防備敵人襲擊，使敵人無法攻入。興勢之戰，魏延就是用這種方法擊退魏軍。等到魏延死後十年，曹爽率領十多萬大軍攻打漢川，當時守軍王平沿用了這個計策成功擊退魏兵。

十多年後，蜀漢將領姜維認爲魏延與王平的方法僅能防守，無法擊垮敵人大獲全勝。於是向後主劉禪建議說：「魏延與王平兩位將軍依循古人的禦敵方法雖然好，臣卻認爲應該根據實際的情況而有所變動，不應該墨守成規，只按照書上說的去做。」

劉禪就問他說：「那你有什麼好的建議嗎？」姜維說：「應該在探子傳來敵軍即將抵達的消息時，集結各營的軍隊，囤積糧食，退守至漢、樂二城，讓敵人無法進入平原地帶，在重要關口把守以抵禦敵軍。一旦敵軍發動攻勢，命游擊軍隊前往窺探敵人的虛實。敵人攻打關塞失敗，田野又沒剩餘的糧食，敵人糧草遠在千里，無法及時補給，軍隊自然疲乏。在敵軍撤退之時，我方的軍隊再大舉進攻，聯合游擊部隊殺得他們措手不及，這才是消滅敵人的絕佳方法。」劉禪覺得他說的很有道理，就採用他的計策調兵佈置。

姜維善用謀略，在多次戰役中獲得勝利，受到朝廷的重用，官拜大將軍。

人物

姜維，字伯約，三國蜀漢天水冀縣（今甘肅省甘俗）人。原為魏降將，歸順蜀漢，受到諸葛亮的器重，擔任征西將軍。諸葛亮死後，姜維統軍事大權。蜀國被魏軍攻克，後主劉禪投降，姜維亦降。之後姜維圖謀復國，但因事敗而死於亂軍之中，享年六十二歲。

釋評

書本上記載的知識是前人智慧的傳承，總結了前人的經驗教訓，固然具有一定的參考價值，然而實際上運用的時候，還是需要根據當時的情勢予以判斷，不可完全按照書本上所寫的去操作，否則很有可能會因為對局勢判斷錯誤而導致失敗。魏延所採用的防守戰略「重門之計」是取自於《周易》，在實戰的運用上也有很顯著的功效，然而姜維根據實際情況認為應該有所修改，方能對戰局有所突破，這是活用了書本裡的知識，而非一味的墨守成規。

名人佳句

盡信《書》，則不如無《書》。

這句話是戰國時代孟子所說的，摘錄自《孟子．盡心下》。意思是說：「書裡記載的事件未必是真實的樣貌，而是根據作者想要表達的思想進行修改，所以不可完全相信。」書中所記載的歷史事件或者知識，並不一定代表是真實發生的事件或者情況，有可能根據作者想要表達的思想而進行修改，所以在實際上運用的時候，不可完全按照書中的記載去做，讀者應該懂得根據實際情況而隨機應變。

解厄學

原文

不求於全，則不損於實。

譯文

處事不強求百分之百的成功，才不會功虧一簣。

事典

不正視自己錯誤的袁紹

東漢末年是群雄割據的時代，袁紹是其中的一位軍閥，在討伐董卓之後，他佔據了河北等地，範圍相當於今天的山東、河北、山西三省，其勢力是全中國最大的。

就在此時，劉備殺死徐州刺史車胄，正式背叛曹操，佔領沛縣，曹操知道此事後就出兵攻打劉備。袁紹麾下的謀士田豐就對他說：「放眼當今，能與主公一爭天下之人唯有曹操，他現在出兵攻打劉備，戰爭非短時間可以結束，主公應趁此良機出兵襲擊許縣，定可以一舉攻下。」袁紹的兒子剛好正在生病，他以這個理由婉拒田豐的建議。田豐用手杖敲擊地面，感嘆的說：「可惜啊！這麼千載難逢的時機就白白的錯過了，大丈夫做事應顧全大局，怎能因為一個嬰兒生病就把大好江山拱手讓人？」袁紹聽說此事後很生氣，就開始疏遠田豐。

曹操擔憂袁紹渡過黃河，便一鼓作氣的將劉備打垮，以最快的速度結束戰爭。劉備只好前來投奔袁紹，袁紹決定與劉備聯手出兵攻打許縣。田豐認為已經失去先前的機會，此時就不宜再出兵，就向袁紹提出諫言：「曹操既然已經打敗劉備，現在許縣就不再空虛。況且曹操此人善於用兵，他的兵馬人數雖少，仍舊不可輕視。主公不如堅守城池，有秦嶺與黃河為障蔽，料曹操也不敢輕犯，正好趁此時休養生息，養精蓄銳。然後挑選精銳部隊，以奇兵侵擾曹操，使他顧此失彼，疲於奔命，消耗他的兵力，不出三年曹操定可攻克。如果主公不依從，執意要以一戰定勝負，萬一戰敗，後悔都來不及了。」田豐極力勸阻袁紹出兵，袁紹認為他擾亂軍心，就將他關押起來。袁紹先派顏良攻打劉延，劉延是曹操的別將，即配合主力部隊作戰的將領。袁紹則親自率軍攻打黎陽。

沮授是袁紹的謀臣，他隨軍出發時，將錢財分給同族親友。沮授說：「此戰若能旗開得勝，我方聲威將會越來越旺；若是潰不成軍，性命都將保不住。」他的弟弟沮宗說：「我方人多勢眾，曹操定然不敵，兄長有何可懼？」沮授說：「曹操的謀略過人，又挾天子以令諸侯，我方雖然佔有一時的優勢，但將士們都很疲憊，主帥又驕傲自滿，這一次出征恐怕要吃敗仗了。」果不其然，袁紹帶兵出征並未討到便宜，曹操不但及時援救了劉延，並且擊敗顏良將他斬殺。袁紹率領大軍渡過黃河，在延津的南方建築起營帳堡壘。沮授在上船前悲嘆說：「主上志得意滿，看不到自己的缺失，部下又好大喜功，一味的鼓舞吹捧，滾滾的黃河水，還能乘載我嗎？」沮授就以生病爲藉口，想要辭去職務離開袁紹，卻沒得到准許。袁紹對他懷恨在心，故意削弱他統帥的兵力。

袁紹又派劉備、文醜再次挑戰，又被曹操打敗，文醜也接連被斬。曹操率軍再戰，擒捉了袁紹的兩名將領，這件事傳到袁紹軍中，引起很大的騷動。沮授又勸袁紹說：「以目前形勢來看，採用拖延戰術才是對我方最爲有利的，待曹操糧食耗盡，我軍再大舉進攻必能獲勝。」袁紹又不採納他的意見。袁紹發動大軍與曹操展開了一連串的攻防戰，雙方僵持了一百多天，黃河南面的士兵都疲憊不堪，很多人背叛曹操投奔袁紹。許攸獻策說：「曹操的兵馬本來就比我軍少，加上他們全員出動以抵擋我方的攻勢，許縣必然空虛，若是另外派遣一支輕裝部隊，在夜晚的掩護下襲擊許縣，定能生擒曹操。就算曹軍沒有擊潰，也能令他首尾難以兼顧，打敗曹操是遲早的事。」袁紹依然不接納許攸的建議。剛好許攸家人犯法，被收押入獄，許攸感到有志難伸，就投奔了曹操。沒多久沮授也被曹操所擒，袁紹接連失去兩位謀臣。

官渡之戰失敗，袁紹率領殘餘部隊返回駐地。有人對田豐說：「主公回來必然重用您。」田豐搖搖頭，感嘆著說：「主公在決策上犯了最大的錯誤，就是當初沒有聽從我的建議，在曹操攻打劉備時去襲擊許縣，錯失了良機。後來我又提出了補救的方法，也不被採納。像這種犯下錯誤還不懂得檢討的人，兵敗是遲早的事。若是他打勝仗我還有活命的機會，他若是戰敗，我也活不成了。」果然如他所料，袁紹一回來就殺了田豐。

人物

袁紹，字本初，東漢汝陽（今河南省商水縣西北）人。東漢末年軍閥，官至東漢大將軍。曾起兵討伐董卓，後佔據河北，在官渡之戰中敗給曹操，不久病逝。

釋評

世俗人大多追名逐利，當他們獲得一點點利益時，不但不能滿足他們的野心私欲，反而會激發他們的貪婪之心，總想要獲得更多。就是這種貪得無厭的心態，導致危險逼近，其自身還未察覺，這樣的人最終將會招致失敗。反之，如果得到一點利益見好就收，這樣才能保住已經得到的成果，並且遠離災禍。

袁紹佔據了龐大的領土，自以爲兵將眾多，兵馬稀少的曹操一定不是他的敵手，且又不能採納謀臣的建議，導致失去先機。之後又不能正視自己的錯誤，檢討自己的過失，而一昧的活在自我良好的氛圍裡，結果落得兵敗的下場。袁紹如果退守河北，保存實力，放棄坐擁天下的帝王夢，或許還能與曹操分庭抗禮，稱霸一時。可惜他太過追求圓滿，只想打敗曹操，自己稱帝，所以急躁的出兵，又低估曹操的實力，致使一敗塗地。

名人佳句

物極則復，器滿則覆。

這句話出自北宋歐陽修、宋祁等合撰的《新唐書・王韓蘇薛王柳馮蔣列傳》。意思是說：「事物到達了極致，就會回復到其原始的面貌；容器裝得太滿，裡面的東西就會溢出來。」換句話說，就是物極必反的意思。舉個例子，倒一杯水在杯子裡，如果注入的水太滿，水就會溢出。這是告訴我們，做任何事都不要過份追求圓滿，留一些缺陷、空白，給自己跟對方一個轉圜的餘地，這不但是給對方一個表現的機會，也是給自己留一條退路。

解厄學

原文

人無賤者，惟自棄也。

譯文

人沒有天生是卑賤的，除非自暴自棄。

事典

受宮刑卻不自棄的司馬遷

漢朝時代的太史公司馬談，他有個兒子叫做司馬遷，在他病得快要死的時候，囑託司馬遷說：「我們司馬家在上古堯舜禹湯五帝時期，就職掌天文，編著歷史。現在我快要死了，記錄歷史的工作不能從我這裡斷絕。我死之後，你一定會繼承太史的官位，你千萬不要忘記該編撰的書啊！」司馬遷說：「我雖然稟性駑鈍，但絕對不會辜負父親的囑託，一定會完成您編纂史書的遺願，不敢有絲毫的缺漏。」司馬談過世三年後，司馬遷當了太史令，在他充分閱讀了宮中的藏書後，開始漫長的史書編撰工作。

有一次，漢武帝聽說司馬遷正在編寫《史記》，就命他取來漢景帝與自己的本紀觀看，見到上面論述自己的過錯，就勃然大怒，用刀片削去竹簡上的字，並將它扔在地上。漢武帝指著司馬遷的鼻子，破口大罵道：「朕是君王，你竟然敢寫朕的錯處，是不是不想要命了？」司馬遷從容不迫的回答：「見到聖明的君主，卻不記載他們的功績，這是史官的過錯；同樣的，臣見到陛下的缺失，如果因懼怕天子的威嚴而不敢實話實說，也是史官的過錯。」漢武帝覺得他說的有道哩，雖然生氣卻並未責罰他，然而心裡仍對他有些埋怨。

不久，漢朝將領李陵領軍攻打匈奴戰敗投降，消息傳回京城，漢武帝十分震怒，文武百官都紛紛譴責李陵，認爲他背叛漢朝。只有司馬遷挺身而出替李陵辯解，漢武帝聽了之後非常生氣，於是下令將司馬遷施以宮刑，關進監獄。司馬遷受此侮辱，一度心灰意冷，在獄中長嘆的說：「這是我的罪過啊！身體殘缺沒有用了。」這時，有位大臣前來探訪，見到他垂頭喪氣，就安慰他說：「你現在只不過是受了宮刑，四肢仍是健全，爲什麼說沒有用呢？」司馬遷流著淚說：「作爲一個男人，最大的恥辱莫過於遭受宮刑。遭受到這種刑罰的人，沒有人願意與他爲伍，將被天下人瞧不起，這樣的人要如何在世間立足呢？」大臣勸慰他說：「別人瞧不起你那是別人的事，只要你瞧得起自己就足夠了，令尊畢生的心願就是要編撰史書，你現在才完成了一半，怎能半途而廢呢？」司馬遷聽了他的話，就開始發憤圖強，繼續撰寫從上古五帝時代至今的歷史，全書總共一百三十篇，五十二萬六千五百字，這就是《太史公書》。

司馬遷死後，這部著作逐漸流傳開來。漢宣帝時，司馬遷的外孫最先引用他的著作，《太史公書》才開始廣爲流傳。到了王莽當政的時代，有大臣請求封司馬遷的後代，於是王莽就封他的後代爲「史通子」。

人物

司馬遷，字子長，西漢人。生於西元前一四五年，卒於西元前八六年。年輕時四處遊歷，四十二歲時繼承父親司馬談的官職，成爲太史令，並承遺命編撰《史記》。後因李陵降匈奴一事，司馬遷替他辯護，觸怒漢武帝，收押入獄，送到蠶室接受宮刑。後爲中書令，受刑後用餘生完成後稱《史記》，首創紀傳體，也是通史之始祖。

釋評

人生來本沒有貴賤的差別，人的地位之所以卑賤，是因自己不願去努力，遇到一點挫折就自暴自棄、怨天尤人，這樣的人永遠沒有出頭的一天。認爲貴賤是命中註定的人，只不過是給自己偷懶找的藉口罷了。有些人雖然一時遭遇困厄，導致窮途潦倒，可是他不因此放棄自己，反而力爭上游、積極進取，那麼終有一天他能夠改變卑賤的命運。所以，命運是掌握在自己手中，想要過怎樣的人生，也是由自己決定。

司馬遷遭受宮刑，這對當時的知識份子來說是很大的恥辱，一輩子都抬不起頭來，也沒有人願意跟他爲伍。可是他沒有因此放棄編撰《史記》的工作，反而發憤著書立說，最終留下一部《史記》傳揚後世，還爲後世的史書樹立良好的典範，這一點是很值得我們欽佩與學習的。

名人佳句

百折不撓、臨大節而不可奪。

這句話是東漢蔡邕說的，摘錄自《蔡中郎集．太尉橋玄碑》。意思是說：「一個人歷經許多挫折依然不屈不撓，即使在生死關頭也決不放棄。」想要成功就必須立定志向，不論遇到什麼樣的挫折，也絕對不會放棄。

解厄學

原文

大智無詐，順乎天也。

譯文

眞正的智慧是不投機取巧，只順應天命而已。

事典

不巴結權貴的顧覬之

南朝宋的吏部尙書顧覬之，爲人剛正不阿、不攀權附貴。

當時孝武帝劉駿很寵信戴法興、戴明寶等人，政務都交給他們處理，他們位高權重，只要是他們舉薦的人才，朝廷必定任用，所以很多人都紛紛巴結他們，常有人登門拜訪送禮。他們也明目張膽的收受賄賂，來者不拒，每天門庭若市，家產累積了千金之多。

朝中大臣只有顧覬之不屑與他們往來，南朝宋官員蔡興宗是他的好友，就勸他說：「戴法興與戴明寶二人，最受陛下寵信，你就算不想與他們攀交，至少也得參加交際應酬，若是得罪了他們二人，恐怕對你也沒好處。」顧覬之回答說：「一個人是貧窮還是富貴，命裡早已注定好的，任憑你機關算盡，也無法改變這個結果。我們爲人臣子的應該恭謹小心的做好份內的事；那些不明道理的人，心存僥倖，以爲有捷徑可走，逢迎拍馬去巴結權貴，只會使正道淪喪，對個人榮辱沒有半點幫助。」蔡興宗聽完搖搖頭嘆道：「你實在是太正直了，將來一定會吃虧的。」

顧覬之最後做到左將軍、吳郡太守；而戴法興恰恰就是因爲權勢太高勝過皇帝，最終引起孝武帝的不滿，而被賜死。

人物

顧覬之，字偉仁，吳郡吳縣人。南朝宋官員，官至湘州刺史。爲人節儉不鋪張浪費，因此聞名於當世。他主張一個人窮通富貴都是命裡註定的，人力無法改變，命侄兒顧願依此觀念寫成《定命論》。

釋評

有些人一輩子循規蹈矩，認眞做事，從不懂得巴結上司，這種人看起來很笨，其實他們才是眞正有大智慧的人。那些巴結權貴而能快速升官的人，總以爲官場有捷徑可走，而不願腳踏實地的做事。但若有一天他們所攀附的靠山垮了，自己也跟著完蛋了；反之，那些認眞做事的人，最終會獲得上司的賞賜而平步青雲，所以不投機取巧，埋頭苦幹的人，才是成功的不二法門。

顧覬之就是有大智慧的人，他很清楚那些權貴不過顯赫一時，他若去巴結他們，等到戴法興被賜死之日，恐怕他自己的下場也好不到哪裡去。所以他選擇盡忠職守，認眞爲百姓做事，爲國家效力，一生沒有犯什麼重大的過錯，所以他能夠受到皇帝的賞識。

名人佳句

得之自是，不得自是，以聽天命。

這句話是春秋時代孔子說的，摘錄自《小戴禮記》。意思是說：「無論得到富貴與否，都能泰然自若，求順應天命而已。」君子處世應做好自己的本份，不奢求不屬於自己應得的名利權勢，看到比自己賢能的人就舉薦他，勤儉自持才是立身處世之道。世人大多追名逐利，有好的升遷機會，想盡一切辦法往上攀爬，即便傷害別人也在所不惜，這樣的人往往會招致災禍，是很危險的。

解厄學

原文

小智無德，背乎情也。

譯文

賣弄小聰明的人沒有德行，因爲他們違背天理人情。

事典

看準時機上位的沈約

南朝時代的沈約，年少時家境貧窮，他對自己的才華頗爲自負，一生醉心於爭名逐利之中。梁武帝蕭衍尚未稱帝時，就和沈約有交情，那時蕭衍深受百姓擁戴，離帝位只有一步之遙。沈約爲了自己的仕途，就勸蕭衍篡位，蕭衍沒有回應。過了幾日，沈約又提起此事，說：「如今朝臣與百姓皆擁戴您登基稱帝，就連上天也以讖言昭告世人，您才是眞命天子。這個時候，就算您想謙讓帝位，也是不可能的了。」蕭衍說：「這件事我還在考慮，齊和帝仍在位，我若是逼他退位，做出這種事，又與亂臣賊子何異？」沈約說：「您的秉性仁厚，於太平盛世是好事，但處於當今亂世就是懦弱無能了。」蕭衍說：「願聞其詳。」沈約說：「當初周武王尚未登基時，也只不過是殷商的臣子，但紂王暴虐，武王伐紂爲百姓所稱頌，誰會說他是亂臣賊子？如今您的處境與武王相似，天下百姓都等待您把他們從水深火熱之中解救出來，您不過是順應天下民心，誰會說您是反賊？這件事還有什麼好考慮的呢？」蕭衍也認同他的話，沈約退了出去，蕭衍又召范雲前來，把沈約的話對他說了一遍，范雲說：「臣也認同沈約的意見。」蕭衍說：「想不到你們這些謀臣看法竟然如此一致，明天早上你和沈約再一起過來。」范雲離去後將此事告知沈約，沈約說：「你明天可要等我一起前去。」范雲點頭允諾。

第二天，還沒到約定的時間沈約就到了，他先進去面見蕭衍，蕭衍命他草擬關於齊和帝禪讓退位，受命於他的詔書，沈約從懷中拿出一份已經擬好的詔書，連同各機關大臣的配置也都部屬好了。蕭衍看過之後覺得很滿意，沒有大幅更動。不久，范雲也前來，在大殿門口被侍衛攔下不得入內，他只好在外面徘徊，只聽見他嘴裡發出「咄咄」的聲音。他見到沈約從裡面出來，就問他說：「事情商量得如何了？」沈約舉起手指向左邊，表示大事已定，范雲笑著說：「總算不負眾望。」稍後，蕭衍召范雲入內對他說：「我平時與沈約相處，不覺得他有什麼過人之處；今天見他才智過人，眞是一位賢才啊！」范雲說：「您今日才了解眞正的沈約，就如同沈約今日才了解眞正的您一樣。」蕭衍說：「我起兵已有三年，諸位將領都各有功勞，但輔助我成就帝王霸業的只有你和沈約二人而已。」

不久，齊和帝被逼將帝位禪讓於蕭衍。梁國於是建立，任命沈約爲尚書僕射，封建昌縣侯，有一千戶的食邑，朝野都認爲他顯貴無比，不久沈約升任尚書左僕射，其職位相當於首席宰相。沈約風光一時，有大臣對他頗爲不滿，向蕭衍進言說：「沈約本爲蕭齊朝的臣子，曾受到文惠太子蕭長懋的賞識，後來太子尚未登基就逝世，他爲了一己的榮華富貴，竟然逼迫齊和帝退位，擁立陛下登基，他雖然對我朝有功，可是他爲臣不忠，他之所以效忠陛下，是看準擁立陛下登基必能賜予他無上的榮耀，當時的情勢若換做別人，沈約也會扶植他人登上帝位，這樣趨炎附勢的小人，陛下還敢重用他嗎？」蕭衍聽了這位大臣的話，就開始忌憚沈約，當時朝野上下都認爲沈約應當位居人臣中最高的官位，他自己也非常嚮往這個職務，可是蕭衍始終沒有頒下授予他這個職務的詔命。沈約感到心灰意冷，就向蕭衍請求外出任職，又沒有得到准許。

有一次，蕭衍對張稷心存舊怨，等到他死了，蕭衍就和沈約抱怨對他的不滿，沈約就說：「這都已經是過去的事了，陛下何必再提？」蕭衍以爲他維護親家，勃然大怒說：「你說這樣的話，還算是個忠臣嗎？」就乘輦回宮去了，沈約嚇得連蕭衍起身都沒有察覺，還一直坐在那裡。等他回到家，整個人渾渾噩噩的，還沒走到床邊就坐下，導致整個人摔在地下，從此生了一場大病。他在病中，夢見齊和帝拿把利劍要割斷他的舌頭，沈約醒來後十分害怕，就請道士代他稟明上天，聲稱逼齊和帝禪讓退位一事，並不是他出的主意。這件事傳到蕭衍耳中，他非常的憤怒，就屢次派遣使者前去斥責他。沈約越發的惶恐驚懼，最後害怕而死。

人物

沈約，字休文，南朝梁武康人（今浙江省武康縣）。年少家貧，勤奮好學，博覽群書，撰四聲譜。出仕劉宋、蕭齊、蕭梁三朝，曾受文惠太子賞識，出任家令一職。後扶植蕭衍篡位，建立蕭梁朝，沈約累官尚書僕射、尚書令、太子少傅等職。著有《晉書》、《宋書》、《齊紀》、《梁武紀》等。

釋評

投機取巧的人是沒有道德仁義可言，因爲他們行事只看對自己是否有利，而不問是否能對得住天理良心。有的時候爲了獲得名利權勢，也得昧著良心做一些傷天害理的事情，這種人是徹頭徹尾的小人。

沈約他雖然懂得利用局勢獲得顯赫的地位與富貴，但他身爲臣子卻不忠於自己的君主，爲了一己的榮華富貴，擁立蕭衍登基爲帝，雖然在當時看似是順應民心，但其實他是爲了一己私欲。所以他年老的時候，才會夢見齊和帝拿劍割他的舌頭，因爲他做了昧著良心的事，心裡一直忐忑不安，最後也因爲此事而亡，可說是罪有應得。

名人佳句

無德而祿，殃也。殃將至矣。

這句話是春秋時期晉國大夫舟之僑所說的，摘錄自《春秋左傳正義》。意思是說：「沒有德性的人而領受高官厚祿，將會為國家帶來災禍。自身也將大禍臨頭。」

有德性的君子會克制自己的私欲，這樣的人若是做大官，可以造福國家百姓；可若是讓沒有德行的小人來當大官，他們就會利用官職之便做一些貪贓枉法之事，那麼百姓就要受苦了。無德的小人雖然能會得一時的榮耀，然而他們所做的醜事一旦被揭發出來，就是他們大禍臨頭之時。所以要想常保安泰，就要做君子而不要做小人。

原文

識察勿憂，憂弗學也。

譯文

眞正有學問的人不會感到憂慮，會感到憂慮的是那些不勤奮學習的人。

事典

不學無術的畢義雲

畢義雲是北齊時代的人，他年輕時做過強盜，經常搶劫往來的商旅，州郡鄉里的官員都對他非常頭痛，但又奈何他不得。在一次的因緣際會中，他結識了一位做官的朋友，這位朋友對他說：「你搶劫來往的旅客能賺多少錢？況且還要時常躲避官府的追查，整天過著擔心受怕的日子，還不如去弄個一官半職來做，可以獲得更大的財富，也能獲得權勢，豈不一舉兩得？」畢義雲聽了雖然心動，卻又擔心自己沒讀過什麼書，無法謀求一官半職，便說：「我也早有此意，可是我從小就是喜歡跟人打架，字也不認識幾個，更遑論是做官了。」朋友就說：「當今亂世想要弄個官做，不問你有沒有才學，只問你有沒有錢財，只要你出得起價錢，打通關節的事就包在小弟的身上。」畢義雲聽了很高興，就託這位朋友幫他打點一切事宜。

不久，他如願以償做到尚書都官郎中這個職位，他性格殘暴，做事果敢決斷。文襄帝正是欣賞他這樣的人才，命他糾察彈劾官員的罪狀，凡有過失的官員，畢義雲就將他們捉來嚴刑拷打，用這種方法查出一堆有過失的官員，引起朝野對他的不滿。有位司州的官員就向朝廷上訴，說：「畢義雲執法不公正，有私自減刑與扣留財物的罪行，要求朝廷將他徹查。」文襄帝就問親近的大臣，此事該如何處理。親近的大臣說：「畢義雲執法嚴格，難免會引起眾朝臣的不滿，臣以為陛下無須理會。」文襄帝認為他所言有理，就沒有追查畢義雲的罪責。

畢義雲知道此事後，心中感到惶恐不安，就問從前舉薦他作官的朋友說：「有人向陛下彈劾我，這該如何是好？」那位朋友就說：「此事我也略有耳聞，不過聽說陛下並沒有追究你的罪責，你又有什麼好擔憂的呢？」畢義雲說：「陛下雖然沒有追究我的過錯，但是朝臣們都因我沒讀過什麼書而瞧不起我，就連我的官職也是買來的，我怕我的仕途也難以長久。」那位朋友說：「不用擔心，你現在深得陛下的寵信，還需要管別人說三道四麼？不如殺雞儆猴，拿彈劾你的官員開刀，這樣別人就不會多說閒話了。」畢義雲就採納他的建議，把彈劾他的官員捉起來，羅列出他的罪狀，並且將他問斬，從此畢義雲就專注在審訊大臣上，他的名聲逐漸傳揚開來。

文宣帝受禪讓即位後，任命他爲書侍御史，畢義雲彈劾大臣不管他是功勳顯著的功臣，還是皇親國戚，皆一視同仁，只要犯法一律嚴懲不貸，因此受到文宣帝的賞識。然而他這種作風引來朝臣們的不滿，汲郡太守翟嵩向文宣帝舉出他的罪狀：「我以前和畢義雲有私怨，他挾怨報復，屢次到汲郡搜查我的罪狀，想要公報私仇。」於是畢義雲就被關押起來。文宣帝還是很欣賞畢義雲的才幹，只是礙於多位朝臣彈劾他，也不好不做處置，正在頭疼之際，就與大臣談論此事，說：「我朝有許多貪贓枉法的官員，多虧畢義雲有一套獨特的審訊方法，才能揪出這些貪官汙吏。可是他恃寵而驕，得罪不少人，這該如何是好呢？」大臣說：「臣聽聞飽學之士都懂得奉公守法這個道理，畢義雲之所以行事乖張，多半是他不學無術的緣故，不如陛下命他多讀些書，也許能改善他的行事作風。」文宣帝點點頭，也同意這位大臣的說法，就派人將這個想法傳達給他。畢義雲表面允諾，態度也有所改善，文宣帝不久就將他釋放。

畢義雲出獄後，就將文宣帝的囑咐忘得一乾二淨，有人提醒他說：「陛下命你多讀些書，是希望你能知書達禮，行事有所收斂，你爲何不照做呢？」畢義雲說：「陛下之所以重用我，是欣賞我監督大臣的專長，只要有一點蛛絲馬跡，我就能查出他們貪贓枉法的證據，這跟我讀不讀書有什麼關係呢？再說，滿朝文武誰不是滿腹經綸，還不是照樣做出違法的事情，我認爲你實在是多慮了。」畢義雲不但不知悔改，反而變本加厲，繼續蒐羅大臣的罪狀。

畢義雲與司馬子瑞早有嫌隙，他的堂兄司馬消難任職北豫州刺史，畢義雲就派人去搜查民間對他的評價，查到一點蛛絲馬跡，就把他的幕僚和門客拘禁起來。司馬消難聽到風聲後感到很惶恐，於是就叛逃投奔北周去了。當時朝野都紛紛譴責畢義雲，說他為了報復司馬子瑞，故意去找司馬消難的麻煩。此事傳到文宣帝耳中，原本宮中舉辦宴席，都會預備畢義雲的位子，因爲這件事每逢宴席聚會就沒邀請他前往參加，畢義雲的名聲也跟著受損。有大臣在此時向文宣帝進言說：「畢義雲不學無術，實在是一個眞正的小人，他之所以受人稱頌，是因爲他時常施加恩惠給落魄的讀書人，這實在是收買人心的做法。而且他明明住的是豪宅，卻總喊著自己很窮，他的家人亂搞男女關係，這事朝野皆知。」文宣帝說：「朕本以爲他是個人才，書讀得少也無所謂，只要他對朝廷盡忠，勤奮好學，朕可以既往不咎，可是他一而再，再而三濫用公權以報私怨，這實在是太過份了。」過了沒多久，畢義雲職務就被免除。

人物

畢義雲，小字陀兒，南北朝時期北齊的人物。年少好勇鬥狠，做過強盜，晚年改變志向去做官。他專門監督大臣，只要他們有過失，就會嚴加審訊，往往能牽連一票官員。文襄帝與文宣帝皆重用他，官拜尚書都官郎中、書侍御史。後因司馬消難叛逃北周一事，被文宣帝疏遠，最後被其子畢善昭所殺。

釋評

眞正勤奮好學的人，知道什麼事情該做，什麼事情不該做，所以不會招致災禍；只有那些胸無點墨的人，待人處事皆從私欲出發，做事只問有利無利，而不管當爲不當爲，所以容易觸犯法律，爲自己引來災禍。

畢義雲是強盜出身，本是不學無術之輩，所以他行事一向從私欲出發，只要對他有利的事情，即便是貪贓枉法也會去做。誰要是得罪了他，他就處心積慮構陷罪名，栽贓陷害，這樣的人遲早會作繭自縛。

名人佳句

書山有路勤為徑，學海無涯苦作舟。

這句話是唐代韓愈所說，摘錄自《古今賢文．勸學篇》。意思是說：「讀書的不二法門就是勤奮，學習永遠沒有盡頭，只能以刻苦為舟。」想要從書本中獲取知識，只能督促自己勤勞的每天讀書。讀書是很枯燥乏味的，但若能克服這一點，便能成為一位有知識涵養的人。在未來的人生道路上，這些從書本中汲取的知識將作為我們的資產，無論是遇到多大的困難，都能披荊斬棘克服難關。

原文

苦勞而少獲，非實之過也。

譯文

付出很多，得到的卻很少，並不是腳踏實地做事的過錯。

事典

孔子周遊列國

孔子仕魯期間，魯國國力強盛，鄰近的齊國害怕被魯國吞併，於是就送八十名年輕貌美的女子，讓她們穿上漂亮的衣服唱歌跳舞，獻給魯君。魯君終日沉迷女色，不理朝政，孔子感到很失望，就帶著一眾弟子離開魯國前往衛國。希望衛君能採用他的政見，讓他實現自己的政治抱負。

顏回也在此次的隨行隊伍中，臨行之際，顏回巧遇魯國太師師金。顏回就問他說：「你認爲老師此行用仁義之道感化衛侯，這樣的計策會成功嗎？」

師金嘆了口氣說：「仲尼才智聰穎，可惜執守堯舜聖人的治世之道，最後一定是有志難伸，得不到衛君的重用。」

顏回就問：「爲什麼這樣說呢？」

師金說：「仲尼只知用周公所制定的禮樂來治理國家，卻完全沒有意識到，這套典章制度已經過時了。古代人要渡河就要搭船，到了現代河川已經變成陸地，難道還要用船在陸地上行走嗎？」

顏回就說：「可是我認爲老師的理想很好，他在魯國執政期間，使魯國強盛起來，不就是最好的證明嗎？」

師金說：「如果眞是如此的話，那爲何仲尼還要離開呢？」顏回回答：「那是因爲魯君沉迷於女色，不能實踐周公傳下來的禮樂制度。」

師金說：「魯君無法實踐，你憑什麼認爲衛君就能夠實踐呢？仲尼若繼續執迷不悟下去，結果就是徒勞無功，還且還會爲自身招來災禍，你跟著他千萬要小心哪！」

顏回回去後，就將師金的話轉告孔子，孔子說：「我也明白現在各諸侯國能夠接受聖人治國方法的已經寥寥無幾了，可是不能因爲這樣就放棄仁義治國的理想，認眞努力的去做一件事，就算過程十分辛苦，得到的成果不如預期，但也不能單憑這樣就放棄努力。」

顏回點點頭說：「老師說的很對，我也認同老師的看法。」

到了衛國後，衛靈公召見了孔子，就問他說：「你住在魯國所得的俸祿是多少？」

孔子回答說：「六萬石小米。」衛靈公就給他相同的俸祿。

過了沒多久，有人對衛靈公說：「孔子在魯國當官頗有政績，突然離開魯國跑到我們國家來必有所圖，誰知他是不是魯君派來的奸細？」靈公就派人監視孔子的一舉一動，孔子擔心會獲罪，住了十個月就離開衛國。

一個多月後，孔子又回到衛國。衛靈公的夫人南子，聽說孔子的事蹟，對他仰慕已久，便派遣使者對他說：「來自四方的賢能之士，凡是想要與我們國君稱兄道弟的人，一定要先拜見國君夫人。國君夫人也想要見您。」孔子婉言拒絕，卻經不住使者的再三勸說，只好勉強答應了。南子隱身在帷幕之後，孔子一踏入大門，朝北面跪拜。南子在帷幕中再拜，耳邊響起一陣清脆的珮環相擊之聲。

孔子說：「我本來不想拜見，既然見了只能以禮拜謝。」孔子在衛國住了一個月，一日，衛靈公與南子同乘一輛車，宦官陪坐在車右，讓孔子坐在第二輛車中，一群車隊浩浩蕩蕩的穿過鬧市。

孔子感嘆的對顏回說：「我從來沒見過一位品德高尚的君子，會如此愛好美色。」

顏回就說：「老師又想離開衛國了嗎？」

孔子說：「一個貪圖美色的人，怎麼可能會是勤政愛民的君主，留在衛國我的理想抱負仍是無法實現，當然得走。」

不久，孔子再度離開衛國。在前往曹國的途中，顏回就對孔子說：「想不到眞的被師金給料中了，衛君也無法實現老師您的治國理念。」

孔子反問道：「你想放棄了嗎？」

顏回說：「不，老師曾經說過，對的事情就要堅持下去，現在只不過見了衛君而已，還有其他國家沒有去，我相信一定會有一個國家的國君，能夠認同老師的治國理念的。」孔子滿意的點點頭，繼續往下一個國家出發去了。

孔子周遊列國十四年，最終沒有一個國家能接受他的治國之道，他只好放棄出仕轉而著書立說。

人物

顏回。字子淵。春秋時代魯國人。孔子七十二門徒之首。孔子將顏回看作最爲得意的弟子，他家境貧窮，卻能安貧樂道，不移志向。顏回爲人聰敏、好學，品行賢德。後世尊稱爲「復聖」。

釋評

一件事無法獲得成功，並不能因此而放棄努力，腳踏實地的做事才是成功的關鍵。如果辛苦的付出，卻收不到預期的效果，其中的因素可能很多，如果因此就轉而投機取巧或者放棄努力，那便是走了歪路，離成功將會越來越遠。

孔子就是一位「明知不可爲而爲之」的人，他一心想要推行仁義治國，只可惜當時的國君都無法接受他的治國理念。他們一心只想富國強兵，抑或是沉迷於美色而疏於政務，這樣的君主都不可能以仁義治國。可是孔子從來不曾懷疑自己所堅持的是錯誤的，仍依然不放棄的周遊列國試圖說服各諸侯國，雖然最後仍是不得志，但他依然堅持自己的學說理想，這一點是値得我們學習的。

名人佳句

求之其本，經旬必得；求之其末，勞而無功。

這句話出自呂不韋編撰的《呂氏春秋》。意思是說：「在根本上下功夫，一段時間定有所得；事情捨本逐末，終將勞而無功。」一件事情無法獲得成功，是因為沒有在根本上下功夫，而在枝微末節上努力，就算努力得再久，也是徒勞無功。

解厄學

原文

閒逸而多得，乃實之旨焉。

譯文

閒散恬逸就能獲得成功，是講究實效的要領。

事典

以逸待勞的王翦

戰國時期，秦始皇想要攻下楚國，正在考慮要派哪位將領領軍較爲合適，爲此決斷不下。有位大臣就對秦始皇說：「李信將軍年輕有勇有謀，曾經帶兵生擒了燕國的太子丹，爲我國立下大功，陛下何不派他前往伐楚？」秦始皇就說：「王翦將軍也是戰功赫赫，況且他資歷較深，比較有對敵的經驗，也許派他前去更爲合適。」大臣就說：「大王既然猶豫不決，何不親自去問問他們，再作決斷？」秦始皇點點頭說：「寡人也正有此意。」於是傳召李信前來，秦始皇問他說：「寡人欲出兵攻打楚國，將軍需要多少兵馬才能取勝？」李信回答：「臣只需二十萬人足矣。」秦始皇又傳召王翦，問他同樣的問題，王翦回答：「非得六十萬人不可。」秦始皇就譏笑他說：「王將軍老了，區區楚軍有何可懼，哪裡需要這麼多的兵力。還是李將軍年少英勇，他所言甚合寡人的心意。」就撥給李信與蒙恬二十萬士兵攻打楚國。王翦聽說秦始皇不任命他伐楚，於是稱病，回頻陽養老。

沒多久，傳來李信兵敗的消息，秦始皇聽說之後就勃然大怒，日夜兼程趕往頻陽，親自見王翦，對他說：「寡人先前沒有採用將軍的計策，導致秦軍戰敗，李信眞是把秦軍的顏面都丟光了。現在聽說楚軍正朝秦國而來，將軍雖然身體抱恙，也不忍心棄寡人於不顧吧？」王翦婉拒說：「老臣病重無法領軍，還請大王另擇賢將。」秦始皇說：「寡人心意已決，將軍不用多言。」王翦說：「大王若一定要派臣前往，就要撥給臣六十萬士兵，少一個人都不行。」秦始皇說：「必當依從將軍的計策。」於是王翦領兵六十萬人，臨行前，秦始皇親自送他到壩上，王翦向秦始皇討要許多良田豪宅作爲賞賜。秦始皇說：「將軍只管率軍出發，何必擔心沒有富貴的日子可過？」王翦說：「身爲大將，縱然有戰功卻無法封侯，趁著大王還有用得著老臣之處，臣也趁機多要些賞賜也好留給子孫。」秦始皇聞言大笑。王翦率領大軍到達關口，派遣使者回去請求封賞良田五次。有人對他說：「將軍請求封賞的次數，也未免太多了吧！」王翦說：「大王素來猜忌不易信人，我這是爲了打消大王對我的猜疑。大王將全國的兵力都指派給我了，我若不向他多討要點賞賜，恐怕會疑心我有謀反之意，我這是爲了自保啊！」

王翦代替李信攻打楚國。楚國聽說王翦率軍而來，就集中全國兵力來抵抗。王翦一到，也不主動攻擊，只是命人修築城牆加強防守。楚國數次出兵挑戰，王翦依然只守不攻。有人對他說：「將軍爲何只守不攻？」王翦回答：「我這麼做有兩個原因：一來，可以讓楚軍消耗兵力，我軍以逸待勞。二來，我軍尚未做好出戰的準備，所以不必急，再等等吧！」王翦每日讓士兵休息沐浴，讓他們吃飽喝足，親自與士兵們一起吃飯。過了一陣子，王翦派人問：「軍中有玩什麼遊戲嗎？」對方回答：「投石和跳遠。」王翦就說：「士兵現在可以用來打仗了。」楚軍因爲數次挑戰，秦軍都不出來對戰，最終決定往東撤退。王翦趁楚軍移動時派兵攻擊，大破楚軍，還斬了楚軍的將領項燕，楚兵大敗而逃。秦軍趁勝佔領楚國的土地和城池，一年後，俘虜楚王負芻，終於攻克了楚國。王翦爲秦始皇一統六國打下基礎，秦始皇一統中國，王翦居功厥偉，揚名後世。

人物

王翦，生卒年不詳，戰國時秦國的名將，頻陽（今陝西富平縣東北五十里）人。曾爲秦始皇平定趙、燕、楚諸國，後因秦始皇用李信伐楚而不用他，故稱病返回故里。李信戰敗後，秦始皇才重新啓用王翦的計策平定楚國。他與白起、廉頗、李牧有戰國四大名將之稱。

釋評

「閒逸而多得」，並不是說什麼都不做就能獲得成功，天底下並沒有白吃的午餐，也沒有不勞而獲得好事。這句話是說，去做一件事如果用對方法，就能事半功倍；反之，用錯方法，就會徒勞無功。要想完成一件事，當然要選對適合的方法，這樣才能快速、有效的解決問題，這才是追求實效的最佳辦法。王翦就是這樣一個聰明的人，秦始皇沒有派他領軍作戰，他也不去抗爭，只是靜靜的等待時機。等到李信兵敗，秦始皇這才想到他的好處，親自登門請他帶領軍隊攻打楚國。等到王翦率領軍隊抵達後，他也不急著出兵，好整以暇地讓士兵們休息，恢復最佳狀態，等到時機一到，一舉進攻，殺得楚軍措手不及。

名人佳句

以近待遠，以佚待勞，以飽待飢，此治力者也。

這句話是春秋時代的孫武說的，摘錄自《孫子兵法》。這句話意思是說：「行軍打仗，要等待敵人靠近，而不要主動出擊，如此就能有時間養精蓄銳，讓士兵吃飽喝足，拖延時間消耗敵人的糧草，以此對抗武力強大的敵人。」運用在生活上，要我們不要把精力浪費在無謂的事情上面，要養精蓄銳，看準事情的關鍵，然後一鼓作氣進行，這樣就能事半功倍，容易獲得成功。

第六卷

慎言卷

言之禍，無論優劣也。語之弊，由人取舍也。

君子不道虛言，實則逆耳。小人不表真心，偽則障目。見言見志，其行亦斷也。

貴者宜謙不宜傲。卑者宜恭不宜放。人無信，則言勿聽。

不知機而無洩，大安也。不避親而密疏，大患也。

原文

言之禍，無論優劣也。

譯文

言說爲人帶來的災禍，與話語的好壞無關。

事典

禍從口出的司馬曜

六朝時代的晉孝武帝司馬曜，晚年的時候，他貪杯好色，不喜朝政，整日與寵妃飲酒作樂。當時，他最寵愛的妃子是張貴人，寵冠後宮，張貴人囂張跋扈，沒有人敢得罪她。

有一天，司馬曜和張貴人正在飲酒，命一眾舞姬表演歌舞助興，旁邊陪坐著的嬪妃年輕貌美，司馬曜就指著她，對張貴人開玩笑的說：「你已快要三十歲了，差不多應該廢掉了，我已經看中這個美人了。」張貴人聽了十分惱怒，卻不敢表示出來，司馬曜沒有察覺到，玩笑越開越過分。傍晚，司馬曜有些醉意，張貴人就把服侍的宦官內侍打發走。到了晚上，司馬曜醉醺醺的躺在床上，張貴人命婢女用被子蒙住他的頭，等到掀開棉被時才發現他已經氣絕身亡。張貴人感到十分恐懼，就收買左右說他是夢魘而亡。

會稽王司馬道子是司馬曜的弟弟，只知沉湎於聲色犬馬中，朝政由他的兒子司馬元顯專政。司馬曜死後由他即位，便沒有追究張貴人的過失。

人物

晉孝武帝司馬曜，字昌明。他即位初期著重於賦稅的改革，以及謝安的輔佐，政治還算清明。謝安死後，由其弟司馬道子獨攬大權，晚年司馬曜縱情於酒色，荒廢國政，最後被張貴人所殺。

釋評

俗語說：「禍從口出。」無論說話的人是出自善意還是惡意，只要讓聽的人心裡不舒服，就有可能引起對方的反感，而遭到暗算還不自知。所以，我們平時應當謹言慎行，不要隨便用他人的隱患或者忌諱的事情來開玩笑，也許說話的人覺得沒什麼，但聽的人可能心裡不好受，如果沒有適時的去排解，就有能遭到對方的算計。司馬曜就是因爲不懂得察言觀色，後宮女人最怕的就是年老色衰而失寵，他卻偏偏拿這件事來開玩笑，最後連自己是怎麼死的都不知道。

名人佳句

口乃心之門，守口不密洩盡真機。

這句話是明代的洪應明所說的，摘錄自《菜根譚》。意思是說：「心中所想唯一能夠讓他人得知的管道就是口，若無法守口如瓶，則能讓別人得知自己的真實想法。」我們心裡的有些想法是不能讓他人知道的，因為別人一旦知道我們心中所欲，他們就會採取因應的對策，而我們就會處於被動的狀態。所以為了獨佔先機，就不能讓別人知道我們心中的真實想法，這不是說要欺騙別人，而是要知道那些話該說，那些話不該說。有些話說了，可能會為自己帶來麻煩，甚至是殺身之禍，所以應該謹言慎行。

原文

語之弊，由人取舍也。

譯文

一句話是否對人有害，是由聽的人來決定。

事典

寬容大度的唐代宗

昇平公主是唐代宗的女兒，她嫁給郭子儀的兒子郭曖。有一天，夫妻倆爲了某件事起了爭執，郭曖說：「你之所以這樣囂張跋扈，還不是倚仗你父親是天子，我的父親還不屑當這個天子！」公主很生氣，就乘車進宮將這番話稟奏代宗，代宗說：「郭子儀是否想要謀反，你不得而知。就算是眞的，郭子儀眞有心爭奪天子之位，那這個皇位還能是你家的嗎？」代宗又好言勸慰一番，打發公主回去了。郭子儀知道這件事之後，很生氣的將郭曖關起來，自己則進宮請罪。代宗並未將此事放在心上，反而勸郭子儀說：「俗語說的好：『不呆不聾，不做公婆。』這不過是兒女在閨房說的氣話，愛卿你又何必往心裡去呢？」郭子儀說：「謝陛下大度，不計較小兒無知說的荒唐話語，這件事說到底都是臣管教無方，這句話若是傳到有心人耳中，恐怕滿朝文武都會說我郭子儀有謀反之心。」郭子儀回去後，將郭曖打了數十杖，以示警戒。

人物

唐代宗李豫，唐肅宗李亨的嫡長子，初名俶，小名大收。安祿山反叛，玄宗逃至馬嵬坡，李俶護送父親北上靈武即帝位，因平定安史之亂有功，被立爲皇太子。即位後，唐朝受安史之亂影響，國內動盪不安，國外有外族侵擾。代宗五十三歲時病逝，謚號睿文孝武皇帝。

釋評

語言的功用是表情達意，傳達人心中的所思所想，以達到與人溝通的效果。凡事都有兩面，語言可以鼓舞人心，也可以做爲傷人的利器。但一句話是否會使聽的人受傷，這還是得看聽眾的解讀與修養。如果一個有修養的人，無論對方說什麼他都不會受傷，因爲他的心不會去執定語言，他會把語言當成像鳥叫那樣沒有任何意義的符號，那麼這樣的人無論對方說的是好話還是壞話，他的心都不會受到傷害。反之，一個沒有修養的人，對方說的話就算是出自善意，聽眾也可能會加以曲解變成傷人的利器，而進一步對說話的人採取報復手段。所以，一句話是否能傷害到他人，完全是取決於聽眾，而非是說話者。

名人佳句

言者無意，聽者有心。

這句話是當代作家高陽說的，摘錄自《胡雪巖全傳・平步青雲》中冊。意思是說：「說話的人沒有這個意思，聽的人卻將話語給曲解了。」我們常常遇到這樣的情形，有時候說話並沒有指責或者影射對方的意圖，但是聽眾卻會以為說話的人有意中傷他，而造成聽眾的反彈，這樣的誤解時常存在人與人的溝通情境中。所以，說話的人應當謹言慎行，若察覺對方心有不悅，應當先行致歉；而聽眾若是覺得說話的人在中傷自己，也應當再三向說話的人求證，以免錯怪好人。

解厄學

原文

君子不道虛言，實則逆耳。

譯文

君子不說違心之言，說實話容易使人聽了心裡不舒服。

事典

犯顏直諫的魏徵

唐太宗有位敢於直諫的大臣叫做魏徵，當時他任職檢校侍中。有一天，唐太宗在丹霄樓設宴，席間他對長孫無忌說：「魏徵在侍奉隱太子李建成時，實在是很可惡，我能不計前嫌，任用賢才，可說是古今少見啊！」長孫無忌說：「魏大人確實是一名賢才，滿朝文武就屬他敢直諫不諱。」太宗說：「可是每次當我沒聽從魏徵的勸諫時，我發言他就沒馬上答應，這是為什麼呢？」魏徵說：「臣以為事情有所不妥，所以進諫，如果陛下沒有採納，臣卻出聲答應，恐怕陛下就會照著您的意思去辦了。」太宗說：「你難道不能先答應，再另外陳述你的意見嗎？」魏徵說：「如果臣當面順從，告退後又發表意見，那就變成在背後議論陛下的是非了，這實在不是一位良臣所應該做的。」太宗聽完大笑，然後說：「大家都說魏徵有很多缺點，我卻只看得見他的優點。」魏徵再拜，說：「陛下允許臣暢所欲言，才敢如此有話直說；要是陛下不接受臣的意見，臣也不敢老是違逆天子的威嚴啊！」太宗說：「魏徵的諫言有時讓朕無法忍受，但後來仔細思考，愛卿也是為了社稷國家著想，最後還是接受了。」長孫無忌笑著說：「陛下對魏大人可是又愛又恨。愛者，魏大人只要見到陛下處事不公，就一定會開口勸諫；而恨者，恰恰也正是這一點。」說完，君臣三人相視大笑。

有一次，太宗巡幸洛陽，半途住在昭仁宮，負責招待的地方官員有所怠慢，惹得太宗不悅，嚴厲的將負責官員斥責一頓。魏徵就勸諫說：「隋朝就是只會斥責百姓不獻上豐盛的佳餚，或者說他們供奉得不夠精緻，這樣予取予求，終至於亡國。所以上天讓陛下取而代之，以解救百姓於水深火熱之中，現在陛下若是責罰下級官員供給不周，豈不是重蹈隋朝的覆轍嗎？臣以為陛下應該記取隋朝滅亡的教訓，隨時戰戰兢兢的引以為戒，而不應該讓臣下後悔衣食供應得不夠華奢。」太宗驚訝的說：「這番話也只有愛卿敢對朕說。」魏徵說：「臣犯顏直諫，也只是為了陛下與百姓著想。」太宗說：「朕有愛卿輔佐，實在是天大的幸運啊！」

過了幾年，魏徵升爲左光祿大夫，封鄭國公。魏徵體弱多病，屢次向太宗請辭，太宗挽留他說：「朕好比沒有冶煉過的金礦，而愛卿就是最好的工匠，要是沒有愛卿的砥礪鍛造，朕也無法琢磨成器。愛卿雖然患病，仍未衰老，怎能辭官罷職呢？」魏徵請求的次數多了，太宗就更加挽留他，又加封魏徵的官職。

又有一次，太宗與魏徵商談國事時，太宗從容的問他說：「近來朕將國家治理得如何？」魏徵見太平日子過得太久，太宗有些散漫，就勸諫說：「在貞觀初年，陛下引導群臣進諫缺失。三年以後，只要聽到有人勸諫就欣然接受。最近一、兩年，陛下雖然勉強接受臣子們的勸諫，但心中仍是忿忿不平。」太宗就問：「你有什麼證據可以證明嗎？」魏徵說：「陛下剛即位時，在討論元律師的死罪時，孫伏伽勸諫說，按照法律不應當處死他，陛下就賞賜他價値百萬的蘭陵公主的莊園。有人說：『陛下的賞賜太貴重了。』陛下回答：『朕即位以來，還沒有人進諫，所以厚賞他。』這是引導臣下勸諫的作法。後來柳雄謊報在隋朝任官的資歷，經過相關部門核實，證明他是僞造，要將他處死。戴胄上奏認爲柳雄所犯的罪不至死，應該改判流放，兼之上奏四五次，陛下才赦免他的死刑。陛下對戴胄說：『愛卿嚴守法度，才不至於濫用刑罰。』從此樂於聽從臣下的諫言。最近皇甫德參上書說：『修建洛陽宮，會使百姓繇役過多，因而疲勞；收取地租，會增加百姓的賦稅。』陛下聽了很生氣，就回答說：『你是要讓全國不徵召一人服役，不徵收一點租稅，你才滿意嗎？』臣就上奏說：『人臣上書，言詞不夠激切就無法引起人主的注意，但激切的言詞就接近毀謗了。』這時，陛下雖然聽從臣的諫言，停止上述的活動，並且賞賜皇甫德參絲織品，可是心中依舊忿忿不平。這是不喜歡接受勸諫。」太宗聽完，這才醒悟自己的過失，讚賞魏徵說：「若非愛卿，沒有人敢跟朕說這些話。人最大的缺點就是，沒辦法查覺到自己的過失啊！」

某天，太宗大宴群臣時，說：「貞觀以前，跟隨我平定天下，歷經艱難的草創國家，是房玄齡的功勞。貞觀之治以後，廣納忠臣的諫言，匡正朕的過失，使國家長治久安，這樣的臣子只有魏徵一人而已。就算是古代的那些名臣，也無法超越他們。」太宗說完，就解下佩刀賜予房玄齡與魏徵二人。

後來魏徵病逝，太宗上朝時嘆氣說：「以銅作爲鏡子，可以把衣帽穿戴整齊；以古人作爲鏡子，可以知道國家的盛衰興替；以人作爲鏡子，可以知道自己的缺失。朕曾經有這三面鏡子，可以防止自己犯錯。如今魏徵死了，朕失去了一面鏡子。」

人物

魏徵字玄成，唐代曲城（今山東省掖縣）人。太宗時官拜諫議大夫、檢校侍中等職，以直言進諫著名於世，累官至左光祿大夫，封鄭國公。最後因病過世，謚號文貞。

釋評

有修養的君子從不說謊話，但是說眞話又會讓對方感到不高興。說話是一門藝術，既不能說謊欺騙對方，也不能說話太直接傷害對方，若能權衡兩者，既能達到說眞話的目的而又不欺騙對方，那就皆大歡喜了。

魏徵是個剛正耿直的人，他看到皇帝有了過失，就勇於指出來。也幸好他遇到太宗這位明君，有接納勸諫的雅量，若是換了昏君，恐怕魏徵有一百個腦袋也不夠砍。說眞話要看對象，若是能虛心接受的人，則可以放膽直言；但若是度量狹窄之人，就只能把眞話藏在心底，否則若是言語上冒犯了他們，恐怕有朝一日會受到他們的報復，那就得不償失了。

名人佳句

真者，精誠之至也。不精不誠，不能動人。

這句話出自《莊子•外篇•山木》，意思是說：「所謂真，就是將自己最真誠的一面展現出來。如果有半點矯揉做作的話，則無法使人感動。」有些人為了達到某種目的，養成見人說人話，見鬼說鬼話的習慣，久而久之不敢把自己內心最真實的想法表達出來，雖然這樣可以不得罪別人，可是也失去最真實的自己。人的喜怒哀樂，只要是發自內心，都可以使人感受到；反之，如果一個人是將喜怒哀樂表演出來，而非是真誠的，那麼就算他表演得再賣力，別人也感受不到。說真話，就是誠實的一種表現，將自己內心最真實的想法表達出來，雖然有時候可能會令人感到不悅，但至少能做到不違本心。

原文

小人不表眞心，僞則障目。

譯文

小人不敢將眞心表達出來，以虛僞的作風來障蔽他人的耳目。

事典

陷害忠良的郭開

郭開是戰國時代趙國的奸臣，他爲人居心叵測，善於顚倒黑白。悼襄王即位不久，不用廉頗而改用樂乘。廉頗很生氣，就去攻打樂乘，樂乘不敵而敗走。廉頗就投奔魏國的大梁。第二年，趙王改派李牧攻打燕國，得到兩座城池。廉頗在大梁很久，得不到魏國的信任，屢次征戰都不用他。此時，秦國出兵圍困趙國，趙王想要啓用廉頗以退秦軍，但又擔心他年老無法率兵，於是就派遣使者前往觀視廉頗的身體狀況。當時，郭開先前與廉頗有仇，擔心他如果被重新啓用會對自己不利，就先行賄賂使臣，要他在趙王的面前詆毀廉頗。趙王使者見到廉頗，一餐飯就要吃一斗米，十斤肉，穿著鎧甲騎在馬上，看起來威風凜凜，精神勇健，表示自己還能率兵打仗。趙王使者見狀，就回去稟告趙王說：「廉將軍雖然年紀大了，胃口很好，還能吃得下飯，可是和我坐著聊天沒多久，就去了茅廁三次。」趙王認爲廉頗老邁，無法領軍作戰，就放棄召回他的念頭。

廉頗得知此事非常失望，就對他的親信說：「我以爲大王定會任用我出兵擊退秦軍，誰知道他只是派遣使者來看一看，最後竟然改命他人領軍，眞是氣死人了。」親信就說：「將軍雖然年紀大了，身體依然很健康，率軍打仗根本不成問題，況且趙王使者前來時，將軍也沒有半點年衰體弱的樣子，趙王怎麼會不任用將軍呢？」廉頗說：「這也是我百思不得其解之處。」親信說：「定是將軍先前有得罪過什麼人，那個人故意買通使者，在大王面前詆毀將軍。」廉頗想了一下，然後說：「一定是郭開。」親信說：「郭開此人奸詐狡猾，容易記恨，擅於搬弄是非，將軍不可不防啊！」廉頗因爲沒被任用，鬱鬱寡歡，沒多久就死了。廉頗過世的消息傳到郭開耳中，他非常高興，對身邊的隨從說：「這就是與我作對的下場啊！」廉頗死後，趙王任用李牧前往迎擊秦軍，李牧勇武，屢次擊退秦軍，讓秦人苦惱不已。

悼襄王死後，其子遷即位。這時，秦國又派王翦前來攻打趙國，趙王遷就派李牧和司馬尚前往抵禦。秦軍忌憚李牧，於是以重金賄賂趙王寵臣郭開，要他設法離間趙王與李牧的君臣關係。郭開見錢眼開，就去對趙王說：「臣聽聞李牧與司馬尚聯合想要謀反篡位，大王您不可不防啊！」趙王就派人去徹查此事。郭開預先派人賄賂使者，使者回稟趙王，說：「李牧與司馬尚的確正在醞釀謀反之事。」趙王聽了之後非常生氣，就改派趙聰與顏聚頂替李牧的位置。傳達詔命的使者前往軍營，李牧拒絕接旨，對使者說：「將在外，君命有所不受。」使者回去回稟趙王，郭開正巧也在旁邊，就對趙王說：「先前大王還不太相信李牧有謀反的嫌疑，您瞧，您一派人解除他的職務，他馬上就抗旨不遵，這不是明擺著不把大王放在眼裡嗎？現在他底下的士兵都聽從他的領導，公然違抗大王您的命令，如果這不叫做謀反，那什麼才叫做謀反呢？」趙王點點頭，對郭開說：「愛卿所言甚是，若非愛卿舉報，寡人恐怕還被蒙在鼓裡而不自知啊！」於是就派人前往捉拿李牧，將他處斬，司馬尚也一同被廢黜。

三個月後，王翦舉兵攻打趙國，失去李牧這位強將，趙國很快就被滅亡了。

人物

郭開，生卒年不詳，戰國末年趙國奸臣，侍奉過趙悼襄王、趙王遷兩代君主，向趙王進獻讒言，先後陷害趙國名將廉頗與李牧，給秦國可趁之機，間接導致趙國滅亡的悲劇。

釋評

小人只思考如何才能夠獲得名利權勢，為了達到這個目的，不惜去傷害他人。但是小人又不能將自己的眞實想法表達出來，否則要被陷害的人就會有所防範，小人的目的就無法達成。所以，爲了達到獲得名利權勢的目的，小人往往必須隱藏自己眞實的心意，而以虛假造作的行爲騙取他人的信任，等到別人對他深信不疑時，小人再出手栽贓陷害，才能達成他們的目的。這樣的人表現出來的善，即是僞善，就如同獵人爲了捕捉獵物，將自己僞裝成獵物喜歡的食物以誘捕牠們。

郭開就是這樣的小人，平時在趙王面前殷勤諂媚、百般討好，表現出一副忠臣的樣子。等到適當的時機到來，他可以爲了報私仇而陷害廉頗，完全不管趙國失去廉頗這名大將，對於國家會造成怎樣的損失。同樣的，他爲了獲得更多的財富，當秦國使者賄賂他時，他可以爲了錢財而栽贓陷害李牧，卻沒想到趙國失去李牧就會滅亡，而他自身終究難以保全。

名人佳句

君子懷刑，小人懷惠。

這句話是孔子所說，出自《論語．里仁篇》。意思是說：「君子心懷刑罰，小人心懷利益。」君子重視內在的道德修養，所以他們時刻戒愼恐懼，唯恐不愼，行差踏錯觸犯刑罰。而小人心中只有利益，全然不管為了滿足私欲是否會危害他人，也不管是否會危及自身。所以小人行事是很危險的，容易招致災禍。

解厄學

原文

見言見志，其行亦斷也。

譯文

一個人是君子或小人，從他的言論可以看出心中的想法，他的行爲也是判斷的標準。

事典

貌醜卻賢慧的阮氏

三國時代的許允，於魏明帝曹叡在位期間，任職尚書選曹郎。當時的衛尉卿阮共把女兒許配給他，等到新婚當日才知新娘容貌醜陋，兩人拜完天地之後，許允就再也不肯踏進新房一步，許家人都此感到擔憂。不久，有客人來拜訪許允，阮氏就派婢女到前廳觀看是誰，婢女回去稟報說：「是桓範大人來了。」阮氏就微笑說：「那就沒什麼好擔心的了，桓範一向以智慧聞名於世，他一定有辦法勸夫君進房。」桓範聽說了許允冷落阮氏的事情，就勸他說：「阮共說什麼也是有頭有臉的人物，他既然肯把醜女兒嫁給你，一定有深意，你可要用心體會才好。」許允一臉委屈的說：「別人都是娶得美嬌娘，唯獨我娶了個母夜叉，這口氣實在是吞不下去。」桓範又勸道：「再怎麼說阮家也是名門望族，你一直冷落人家的女兒，若是教你丈人知道了，親自找上門來，恐怕你面上也無光。」許允覺得他說的也有道理，就只好回到新房中。他瞧了阮氏一眼，實在是忍受不了她的醜陋容貌，便轉身欲踏出房門。阮氏心知，他若出去了，就再也不肯回來，便伸手捉住他的衣服下襬挽留他。許允就問她：「女子有四德，你具備幾樣？」阮氏回答：「婦德、婦言、婦容、婦功這四者，我只欠缺婦容而已。」她又反問：「君子所應具備的各種品行，夫君又具備了幾種呢？」許允答：「我每種皆具備。」阮氏說：「君子百行以德爲首，你只重視美色而不重視德行，怎麼能夠說都具備呢？」許允聽了有些慚愧，就留了下來，阮氏又說：「觀察一個人的容貌是美是醜，一眼就可以看得出來；觀察一個人的品德心性，卻是需要從他的言行舉止來判斷。你現在只看到我的容貌醜陋，就不願意與我做夫妻，那你又怎麼能夠知道我有沒有婦德呢？」許允點頭說：「夫人所言甚是，是我不該以貌取人，冷落了夫人。」從此之後，許允對她敬重有加。

後來，許允在吏部任職，舉薦許多同鄉的去做官，魏明帝懷疑他結黨營私，就命虎賁軍將他收押。阮氏走出來告誡他說：「侍奉英明的君主可以跟他講理，但不能跟他求情。」許允點頭應允，旋即被帶走。許家上下都在爲許允被收押而擔憂，只有阮氏泰然自若，安慰他們說：「不用擔憂，夫君很快就會回來了。」

等到許允被押解上殿，魏明帝又審問一遍他的罪狀。許允爲自己辯解說：「是陛下自己說的，要臣舉薦自己所熟悉的人。臣最了解同鄉的人，所以舉薦他們。陛下看我這個檢校做得稱職與否？若不稱職，臣願領罪。」魏明帝就派人查驗他所舉薦的人，經過查證之後，發現他舉薦的人才都很適合擔任該職務，於是就命人將他釋放。

許允回家時，阮氏正在廚房煮小米粥，等他回來吃。沒多久，許允就走進家門。阮氏高興的出來迎接，許允笑著對她說：「多虧賢妻的妙計，我才能安然無恙的回家。」阮氏說：「夫君現在知道我賢惠了，當初不知道是誰連房門都不肯踏進一步。」夫妻兩人相視而笑。

人物

許允，字士宗，三國曹魏大臣。冀州高陽（今河北高陽）人。他出身世族，是當時有名的人士。魏明帝時擔任尚書選曹郎，後轉任侍中。後來他連同夏侯玄等人計畫誅殺權臣司馬師失敗，反被司馬師陷害，因而獲罪，在流放的途中去世。

釋評

一個人是君子還是小人，是無法從外貌上來判斷。唯一判斷的準則，就是他們的言行舉止。

君子說的話雖然不中聽，但是句句發自肺腑，從不說假話欺騙別人；而小人則善於僞裝自己，往往爲了討好別人而花言巧語，內心卻盤算著如何陷害對方。這兩個就是評判君子與小人的準則，如果判斷失誤，錯把小人當成君子，那災禍也就離你不遠了。

阮氏容貌雖然奇醜無比，然如她所言，四德中具備了三德。容貌是父母所生，沒辦法憑人力來改變，可是一個人的品德卻是需要依靠後天來培養。後來阮氏對許允的一句叮嚀，讓他得以無罪釋放，轉禍爲福，單憑這一點來看，就可以知道阮氏的確是一名賢慧的妻子。

名人佳句

聽言不如觀事，觀事不如觀行。

這句話是晉代傅玄所說的，摘錄自《傅子．通志篇》。這句話意思是說：「要觀察一個人的言行舉止，不能只聽從他的片面之詞，還必須從他的待人處事上去觀察；觀察待人處事還不夠，還要從他的行為去觀察。」要了解一個人心中真實的想法，可以從三個方面去考察：第一，從他的言論來觀察。第二，觀看他處理事情的方法。第三，從他的行為舉止來觀察。唯有這三者都具備了，才能了解他心中真正的想法，進而判斷他是君子或是小人。

原文

貴者宜謙不宜傲。卑者宜恭不宜放。

譯文

顯貴的人應該謙遜不應高傲。地位卑下的人應當恭敬而不宜放蕩。

事典

生性狂妄的禰衡

禰衡，年紀輕輕就文思敏捷，善於辯論。他最大的缺點是恃才傲物，以爲自己才學博通古今，就看不起當時的英雄豪傑。建安初年，他來到許縣，想要找個人投靠，讓他得以一展長才。他將想要拜訪的人刻在名帖上，四處遊蕩了許久，找不到可以拜訪的人，名帖上的字因爲磨損而變得模糊。當時，許多英雄豪傑齊聚許縣，有人就建議他說：「你爲何不去投靠曹操的謀臣荀彧呢？」禰衡回答：「荀彧這個人沒什麼本事，長得還算可以，勉強可以去給人吊喪。」那個人就問：「那你想跟隨誰呢？」禰衡說：「當今世上只有兩個人還算得上是人才，一個是孔融，另一個就是楊修了，其他都是庸碌之輩，不值得一提。」

孔融也很欣賞禰衡的才華，屢次在曹操面前稱讚他。曹操聽聞後，就想見禰衡，但是禰衡對於曹操一向輕視痛恨，自稱患有瘋癲症，不肯前去，而且還說了狂妄放肆的話。曹操知道後懷恨在心，但因爲禰衡才名遠播，不想就這樣隨便殺了一名賢才。聽說他善於擊鼓，就命他當一個掌鼓的佐吏，想藉此來羞辱他。碰巧趕上曹操舉辦一個大型的賓客聚會，就命他當眾擊鼓，順便驗收他的擊鼓技術。其他鼓吏上場前，都要先把原先所穿的衣服脫掉，換上鼓吏的帽子和衣服。輪到禰衡時，他當場演奏了一首《漁陽曲》，技法絕妙，音律悲壯，在場的聽眾無不志氣激昂。他踱著小步走到曹操跟前停下，一名官員斥責他說：「你怎麼不換上鼓吏的衣服？」禰衡就說：「好，我這就換。」他就當眾寬衣解帶，赤裸著身子站在曹操面前，又緩緩的拿起鼓吏的服裝換上，神色從容的繼續演奏樂曲。曹操就笑著說：「原本想羞辱他一番，沒想到反而被他給羞辱了。」

集會結束後，孔融將禰衡狠狠的訓斥了一番，說：「你怎能當眾更衣，如此無禮呢？」禰衡雙手抱胸，一臉不在乎的模樣，說：「只許曹操羞辱我，不許我羞辱他嗎？」孔融說：「你太放肆了！曹操是丞相，而你只不過是一名小小的鼓吏，你見到他應該恭恭敬敬的，怎能行事如此輕浮呢？」禰衡說：「我自問有經世之才，只因先前言語上得罪曹操，他就故意羞辱我，讓我做一名擊鼓的官吏，他如此識人不明，難道我還要尊重他嗎？」孔融說：「無論如何，這件事是你有錯在先，你要去向丞相賠禮道歉。」禰衡表面上點頭答應，心裡卻一點都不服氣。孔融見禰衡態度軟化，就去向曹操說：「今日之事，實在非禰衡心中所願，他素來患有癲狂症，行事顛三倒四，他現在已經很後悔了，請丞相不要與他計較，再給他一次機會。」曹操不悅道：「他先前在背後議論我，我肯不計前嫌賞他一個鼓吏做，已經是很給他面子了。他今日又當著群臣的面羞辱我，就算他情有可原，我想要原諒他，這張臉也拉不下來。」孔融勸說道：「丞相如今是一人之下萬人之上，身分尊貴，何必與一個小輩計較？況且禰衡確有才幹，現今正值用人之際，丞相何不紆尊降貴，放下身段，以謙遜的態度禮賢下士呢？」曹操覺得孔融說的有理，就吩咐守門人只要有客人前來拜訪，就立刻前來通報，一直等到日落西山。

禰衡穿戴粗布衣帽，手裡拄著一根三尺長的木杖，坐在大營門口，用木杖敲擊地面破口大罵。有官吏看見了，就來通報曹操說：「外面有一個輕狂的人，坐在大營門口，說話大逆不道，請丞相將他收押治罪。」曹操聞言大怒，就對孔融說：「禰衡這小子，我要殺他就如同殺一隻麻雀老鼠般輕易。我顧及他頗有虛名，如果將他殺了，人家會說我度量狹窄不能容人，我現在把他送往劉表那裡，其餘你自個兒看著辦吧！」孔融知道曹操眞的生氣了，也不敢再勸。

曹操就派人騎馬將他送走，臨行前，與禰衡素來交好的朋友就舉辦酒宴爲他餞行，全部人都到齊了，只有禰衡遲遲未至。他們就互相約法三章說：「禰衡這傢伙素來狂妄，爲他餞別居然還遲到，等他來了我們全都不要站起來迎接，藉此機會挫挫他的銳氣。」等到禰衡前來，大家都坐著無動於衷，禰衡就坐在地上放聲大哭。大家就問他爲什麼哭？禰衡說：「坐的人像是墳墓，躺著的人像具屍體，我如今站在墳墓和屍體之間，能不悲傷哭泣嗎？」

劉表和荊州的士大夫都聽說禰衡才華洋溢，以賓客之禮相待，舉凡文章議論，沒有給他看過都無法定案。有一次，劉表和諸位幕僚極盡才思擬好一篇奏章，禰衡碰巧出去了，等他回來一看，就把那篇奏章撕毀扔在地下，劉表非常驚愕。禰衡請求紙筆，他當場重新擬了一篇，在短短的時間內就完成這篇奏章，文辭和論點都很令人激賞。劉表很高興，此後更加的器重他。

過了一段時間，禰衡對劉表說話很不恭敬，還出言侮辱他。劉表慚愧自己無法容下他，就將他送往江夏太守黃祖那裡，黃祖聽說他的才名，也很禮遇他。禰衡替黃祖撰寫公文，輕重疏密，掌握得恰到好處。黃祖看了非常滿意，就握著他的手說：「先生，這正是我想說的話，你寫的文章就像是我的心聲一樣。」

黃祖的長子黃射擔任章陵太守，素來與禰衡交好。曾與禰衡外出郊遊，一起讀蔡邕所作的碑文，黃射很喜歡這篇文章，只恨不能將它謄寫下來。禰衡說：「我雖然只是粗略的看了幾眼，但大致上還能看得懂，只有兩個字不解其意。」於是就把碑文默寫出來，黃射派人騎快馬將碑文寫下，拿回來與禰衡默寫的校對，兩份文稿完全一致，在場眾人沒有不讚嘆佩服的。

黃射有回宴請賓客，有人獻上一隻鸚鵡，黃射舉起酒杯對禰衡說：「希望先生能以這隻鸚鵡作賦一篇，也好讓大家同樂。」禰衡提筆書寫，文章沒有任何的修改，詞藻華麗。

後來黃祖在一艘戰船上舉行賓客聚會，禰衡出言不遜，黃祖自覺慚愧，便喝斥他，禰衡瞪著他罵道：「死老頭，你說什麼？」黃祖很生氣，就命人將他拖出去，準備用刑杖打他。禰衡罵得更兇，黃祖非常生氣，就命人將他殺掉。黃祖的主簿一向很討厭禰衡，就立刻把他殺了。黃射聽到消息，連鞋子都來不及穿，打赤腳趕來相救，卻還是遲了一步。黃祖事後也很後悔，就將他厚葬。禰衡享年二十六歲。

人物

禰衡，字正平，東漢平原（今山東省平原縣）人。善於辭賦文章，恃才傲物，先後侍奉曹操、劉表與黃祖，最後得罪黃祖而被殺。

釋評

身分顯貴的人，待人接物更是要謙卑，不應依恃著自己身分尊貴，就心高氣傲看不起所有人，認為別人都應當要奉承迎合他。心高氣傲的人，即使是位居高位，因為態度傲慢不得人心，很容易就引起下屬的反彈。一但底下人群起造反，身分再顯貴的人也無法抵擋群眾的憤怒，最終會被人從高位上拉下來，甚至會有生命危險。地位卑下的人，更應當要對上司恭謹，行為放蕩輕浮的人，即便是再有才華，也會引起上司的不滿，終將禍到臨頭。

禰衡地位身分都不如曹操、劉表和黃祖，但這些人都曾經因仰慕他的才華而禮遇他，但最後都無法忍受他目中無人，恃才傲物的性格，最終激怒黃祖而被殺。所以，無論身分高低貴賤，都應以謙遜、恭敬的態度待人接物，這樣才是正確的明哲保身之道，否則丟了性命，縱使再有才華也無法施展，只能在九泉之下空餘遺恨了。

名人佳句

貴以賤為本，高以下為基。

這句話是春秋時代老子所說的，摘錄於《道德經・三十九章》。意思是說：「統治者以平民百姓為根本，地基打得穩建築物才能蓋得高。」貴，指的是地位尊崇的統治者；賤，指的是地位卑下的平民百姓。一個國家能夠運作，一個統治者能夠保有他的榮耀與權力，是建立在百姓的向心力與辛苦工作的基礎之上，如果一個統治者不懂得體恤百姓，不懂得謙卑以治下的道理，認為自己擁有一國最高的榮耀與權力就可以胡作非為的話。那麼，遲早有一天會遭受百姓的反彈，最終失去榮耀與權力，甚至連性命都丟了。這就好比一棟樓房想要蓋得高，地基一定要挖得夠深，否則地基難以支撐樓房的重量，終將傾頹倒塌。這個道理引申至為人處世也是同樣，對待他人，特別是那些能力或者地位不如我們的人，更應該保持謙卑的態度，如此才能與他人心意相通，否則別人一看你高高在上的姿態，從心底就討厭你，這樣要如何贏得他人的尊重與讚賞呢？

解厄學

原文

人無信，則言勿聽。

譯文

一個人不守信用，他說的話就不值得聽信。

事典

戲弄臣子的周幽王

周幽王寵愛褒姒，褒姒雖然長得很美卻不喜歡笑，周幽王想盡一切辦法逗她笑，她都不笑。周幽王就想到一個辦法，當時，常有盜賊來侵擾，各諸侯就約定，只要見到盜賊前來作亂，就點燃烽火以示警。周幽王爲了博褒姒一笑，就點燃烽火並擂起大鼓，諸侯們看見了，以爲是敵人入侵，紛紛奔馳來援，等他們到達後才發現並無敵人，只見褒姒嬌笑不止。周幽王很高興，為了博美人一笑，數次點燃烽火。起初，諸侯們還會前來馳援，後來他們被周幽王戲弄幾次後就學聰明，見到烽火也不前往。

周幽王任用小人，疏遠賢臣，舉國上下皆有怨言。他又廢黜申后，驅逐太子。申侯忍無可忍，就聯合夏禹的後人繒和西夷犬戎出兵，一同討伐幽王。大軍攻進國都，周幽王才知道事態嚴重，趕忙點燃烽火請求各諸侯出兵支援，但是遲遲都不見援兵到來。周幽王害怕的對身邊的親信說：「寡人已點燃烽火，為何諸侯來不前來救援？」親信一臉哀戚的對他說：「這是因為大王您不講信用啊！烽火是緊急時才能點燃的求救信號，您以往為了博褒姒一笑，時常點燃烽火戲弄諸侯，久而久之，大家都以為您又在開玩笑，當然沒有人肯來救援。」周幽王說：「眼看敵軍就要攻進王宮了，該如何是好啊？」不久，王宮被攻克了，周幽王逃至驪山被敵軍所殺，褒姒也被擄走，叛軍把周朝國庫洗劫一空後就退兵。各諸侯與申侯共同推舉太子宜臼登機，是為周平王。

人物

周幽王，姓姬名宮涅。周宣王之子，西周第十二代君王，在位十一年，是西周的最後一位君主。寵愛褒姒，任用小人，廢后逐黜太子宜臼，引來申侯不滿，最後他聯合犬戎反叛，成功誅殺幽王。

釋評

守信，是做為一個人應當遵守的美德。當然，不守信用並不會受到法律的制裁，但是久而久之，你說的話別人就會不當一回事，而且還會因此受到他人的輕視。沒有人喜歡不守信用的人，說過的話就應當負責到底，玩笑開一兩次還無妨，要是每次做出承諾都當成玩笑，就算以後是出自真心，也沒有人願意相信了。

周幽王就是輕視了守信踐諾的重要，既然與諸侯們約定好，要等敵軍進犯時才能點燃烽火示警，可是他為了博褒姒一笑，把緊急用的示警工具當成玩物，同時也踐踏了諸侯們的尊嚴。時間久了，自然民心盡失，當真正有敵軍前來侵擾時，他再點燃烽火，也無人願意前來救援了。

名人佳句

民無信不立。

這句話是孔子所說，出自《論語．顏淵篇》。意思是說：「失去人民的信任，國家就只剩下滅亡一途了。」可見守信是何等的重要。父子之間說話不守信，那麼親子關係必不和睦；夫妻之間若不守信，夫妻感情岌岌可危；一國之君說話不守信，那麼他終將被人民推翻，走向滅亡一途。所以，守信是做人的根本原則，人與人的信任就是建立在彼此說話重信守諾之上，若不遵守諾言，那麼人與人之間只剩下猜忌，毫無信用可言，這樣的人遲早會大禍臨頭。

原文

不知機而無洩，大安也。

譯文

保密的絕佳方法就是不讓別人知道，這樣就能免除災禍，保全自身。

事典

爲了保密而自殺的田光

秦始皇想要一統六國，已經討伐了齊、楚、三晉，按照地理位置來推算下一個就輪到燕國。爲此燕國君臣都很擔心。燕太子丹年輕的時候曾到趙國爲質，秦王政在趙國出生，兩人年少的時候交情很好。等到秦王政即位之後，燕子丹又到秦國爲質，秦王政對太子丹很不禮遇。太子丹心懷怨憤的回國，一心想要殺掉秦王政以報前仇，無奈燕國國力衰弱，無法與秦國相匹敵。

過了不久，秦國將領樊於期得罪秦王政，逃到燕國請求庇護，太子丹收留他並且安排房舍讓他住下。太子丹的太傅渠武就勸諫他說：「千萬不可以收留樊於期，秦王政暴虐，而且與燕國有夙怨已久，這已經很令人頭疼了，現在又多了一個逃將，秦王政若是得知此事，還不馬上出兵攻打燕國，到那時我們可就岌岌可危了。」太子丹就說：「以太傅之見，該如何是好？」渠武說：「太子應該馬上派樊將軍前往匈奴，以杜絕秦國出兵攻打燕國的藉口。然後和西方的三晉，南方的齊、楚聯合，北方與單于交好，然後才能施行對抗秦國的計畫。」太子丹搖頭說：「太傅的計策曠日廢時，我等不了那麼久了。況且樊將軍就是因爲走投無路才來投靠我，我怎能因爲懼怕秦國就拒絕求助於我的朋友呢?除非我快死了，否則絕不會把樊將軍送往匈奴。請太傅再想想看有沒有其他解決的辦法?」渠武說：「既然太子心意已決，臣也沒什麼好說的了。臣知道燕國有一位田光先生，他智勇無雙，太子何不前往與他商議?」太子丹說：「希望太傅能爲我引薦田光先生，不知可否?」渠武說：「臣領命。」渠武就前往拜訪田光，對他說：「太子有國事想要請教於先生。」田光說：「願聆聽太子的教誨。」就前往拜見太子丹。

太子丹前往迎接，恭敬的給田光先生帶路，又跪下來替他整理席子。田光坐定後，太子丹屏退左右，向田光請教說：「燕秦兩國難以並存，不知先生可有良策對抗秦國?」田光說：「臣如今已經老邁，不復年少時的精力旺盛，恐怕在國事上沒有能幫助太子的地方，但臣素來與荊軻交好，此人應能爲太子所用。」太子丹說：「先生能爲我引薦荊軻嗎?」田光說：「遵命。」太子送田光到門口，告誡他說：「今日我們所談的內容屬於國家機密，還請先生不要洩露出去。」田光俯身笑道：「是。」他前往拜會荊軻，對他說：「我與你交好，燕國上下沒有人不知道。現在太子欲聘能人以抗秦國，我向太子殿下舉薦你，希望你能到東宮去拜見太子。」荊軻說：「我會前往，請先生放心。」田光說：「我辭行時，太子告誡我此事乃國家機密，不可洩露。這是太子對我的不信任，可見我為人還不夠謹慎，才讓太子有所顧慮。聽聞保密的最佳方法，就是將機密藏於心中，不使第三人知曉。現在我既然已經知曉，那就只能自殺，如此一來機密就絕對不會洩露出去。」田光抽劍抵在脖子上，想要以此激發荊軻刺殺秦王的鬥志，叮囑他說：「希望你趕快去拜見太子。告訴太子說我已經死了，不用擔心機密會外洩。」說完，田光就自刎身亡。

荊軻忍著悲痛，依言前往拜見太子丹，並告知田光已死的消息，將他的遺言告知太子。太子丹聽完後，哀痛的再次下拜跪下，一邊用膝蓋行走，一邊流著淚說：「我之所以告誡田先生不要洩露機密，是希望刺殺秦王的行動可以成功，並非要他自盡。這哪裡是我的本意啊！」

人物

太子丹，姓姬，名丹，又稱燕丹，戰國末年燕王喜的太子。由於秦逃將樊於期逃到燕國，給了秦王政出兵的藉口。太子丹派荊軻帶著樊於期的頭顱前往刺殺秦王，因失敗被殺。秦王政大怒，派王翦攻打燕國，太子丹逃走，最後被燕王喜所殺，將他的頭顱獻給秦王以求和。但最終燕國仍是被滅，燕王喜也被俘虜。

釋評

如果希望機密不要洩漏出去，最好的辦法就是放在心裡，不要告訴別人，這樣才能保證秘密不被他人知曉。人都是喜歡宣揚別人的秘密，越隱密的事情越能引起別人傳播的興趣，所以只要把機密告知他人，這個機密就已經不是機密了。田光爲了消除太子丹的疑慮而自殺，這種做法太過極端。太子丹若是希望刺殺秦王的事情不要宣揚出去，就應該一開始就不要讓田光知道，這樣才能絕對的保密。

名人佳句

君不密則失臣，臣不密則失身，幾事不密則害成。

這句話是春秋時代孔子所說，出自宋代林栗所撰的《周易經傳集解》。意思是說：「為君者說話不謹慎保密則會失信於臣子，臣子說話不謹慎保密則有殺身之禍，重要的事情不保密將會釀成大禍。」這裡是強調待人處事說話謹慎保密的重要性，統治者如果說話不小心將機密洩露給臣子，那麼極有可能會給臣子謀反的機會；為人臣子的如果不小心將國家機密洩露出去，有可能會為自己帶來殺身之禍；在大事上如果不謹慎保密，將機密外洩，很有可能會導致事情失敗，這個時候就要大禍臨頭了。所以，要防範災禍的發生，保密是非常重要的。

解厄學

原文

不避親而密疏，大患也。

譯文

將機密告知親人而不將以防範，將有大禍降臨。

事典

親妹洩密而亡的禿髮王后

中國五胡十六國時期，南涼國的君主禿髮傉檀戰敗，他麾下的將領都投降於西秦文昭王乞伏熾磐。與此同時，他將女兒嫁給乞伏熾磐，被立為王后。起初，乞伏熾磐以上賓之禮相待，封他為驃騎大將軍，賜爵左南公。乞伏熾磐的親信對他說：「禿髮傉檀雖然投降，但他麾下將領都聽命於他，雖然他將女兒嫁給陛下，難保日後不會起兵造反，不可不防啊！」乞伏熾磐覺得此言有理，對禿髮傉檀越漸猜疑。一年後，乞伏熾磐派人賜鴆酒給禿髮傉磐，禿髮傉磐飲下毒酒後，身邊的侍從要請大夫前來替他解毒，他卻勸阻說：「這是乞伏熾磐要取我性命，既然他已經對我起了疑心，就算治好了又有什麼用呢？」於是便任憑毒性發作而亡，謚號景王。

禿髮傉檀死後，河西王蒙遜派遣使者，勸誘他的兒子禿髮虎臺說：「你的父王被乞伏熾磐所殺，身爲南涼的太子，難道不想復仇嗎？」禿髮虎臺回答：「身爲人子，先王慘遭他人毒手，正所謂：『父仇不共戴天。』我日思夜想都想著要復仇，可是無奈我地寡兵稀，如何與乞伏熾磐抗衡？」使者說：「這個容易，吾主蒙遜可借你兵馬，並且將番禾、西安二郡送給你，助你出兵攻打西秦，收復故土。」禿髮虎臺暗中允諾，無奈此次與蒙遜使者密謀之事洩露出去，只好作罷。

禿髮傉檀的死訊傳到禿髮王后的耳中，她心中也很悲憤，就偷偷的召見其兄禿髮虎臺，對他說：「西秦原本就是我們的仇敵，雖然熾磐是我的夫君，且父王死後待我如初，但時過境遷。先王薨逝並非是壽終正寢，他之所以沒有接受治療，只因爲想要保全子孫的性命。爲人子女，怎麼放著父仇不報，反而委身侍敵呢？」禿髮虎臺說：「愚兄也正有此意，只是先前的謀劃因消息走漏只好作罷，不知妹妹可有良策？」禿髮王后說：「只要兄長願意支持我，剩下的事情就交給妹妹去辦吧！」她就聯合武衛將軍越質洛城謀劃誅殺自己的丈夫。

禿髮皇后有個妹妹是熾磐的左夫人，她希望這件事也能得到妹妹的支持，於是去找妹妹商議。妹妹對她說：「姊姊想爲父王報仇這件事我理解，只是南涼氣數已盡，姊姊又貴爲西秦的皇后，怎能做出此等大逆不道之事？」禿髮皇后就說：「人人皆可為丈夫，可是父王只有一個，我怎能因為夫妻之愛，而忘卻父母之仇！說到底，你還是捨不得榮華富貴，你如今寵眷正濃，若殺了熾磐便一無所有，所以你才多般阻攔。」妹妹說：「姐姐說哪裡話，說到底我們都是親姊妹，就算妹妹不想參與其中，此事一定會為姐姐保密，請姐姐放心。」

禿髮皇后走了之後，又去將此事告知禿髮虎臺，他有些擔心的說：「妹妹雖為左夫人，如今頗為受寵，萬一她告發我們那該怎麼辦？」禿髮王后就說：「不會的，我們三人都是血濃於水的骨肉至親，就算她不贊成此次行動，應該也不至於會走漏消息，置我們於死地。」於是，禿髮虎臺就按照計畫進行。

刺殺乞伏熾磐前夕，禿髮王后的妹妹為了保住自己的榮寵，就將兄姊密謀殺害熾磐的消息告訴他。乞伏熾磐得知此事後，頗為震怒，下令捉拿禿髮虎臺與王后，查證屬實後一併將他們誅殺。

釋評

我們對於外人的戒備心往往很強，可是對於親人的戒備心相對較弱，有可能是因為我們對親人較為信任，認為親人是不會出賣我們的，所以會將機密透露給他們知道。另一種可能性是，我們與親人朝夕相對，一不小心容易說漏嘴，將機密透露出去。親人知道機密有兩種情況：第一，是嚴守秘密。第二，為了自己的利益不惜出賣我們，就如同禿髮王后的妹妹，她為了自己的榮寵不惜出賣自己的兄姊。所以，保密的行動不僅是針對外人，還應該提防親人，否則即有可能會導致事情功敗垂成，還會惹來殺身之禍。

名人佳句

夫事以密成，語以泄敗。

這句話是戰國時代韓非所說，摘錄自《韓非子》。意思是說：「事情要保密才會成功，事跡敗露是因為在言語間把機密洩露出去。」我們說話時若不謹慎，極容易把重要的機密洩露，聽衆若是又將秘密口耳相傳給第三人知道，那麼事情就很難獲得成功了。所以謹言慎行是保密第一要務，特別是言語間的謹慎，絕不可將機密告知他人，否則事情就會以失敗告終。

第七卷

節情卷

知書而後忘情焉。抑性而後正身焉。

縱親見私，不容也。縱友見拙，不智也。縱憐見稚，不厚也。

天怒成災，人怒成害。君子戒悲，小人戒憂。不舍之情，羈身也。

幸不恃色，榮定其品也。義不恃媚，信定其諧也。

解色學

原文

知書而後忘情焉。

譯文

飽讀詩書讓我們獲得智慧，才能夠判斷是非，而不會受到情感左右。

事典

理性論事的司馬光

司馬光是宋代的大臣，宋神宗想任命他爲翰林學士，認爲朝中大臣只有他最適合這個職位，可是卻被司馬光推辭了。神宗就問親近的大臣說：「放眼當今天下，有學問又能寫文章的，只有司馬光而已，朕有意讓他擔任翰林學士，卻被他推辭了，這是爲什麼呢？」大臣回答：「正因爲他滿腹經綸，所以才擁有超乎常人的智慧，與洞悉世情的雙眼，他不會受到名利權勢的引誘，或許正因爲他有學問，才更懂得謙虛吧！」

王安石推行變法，引起天下動盪，朝野不安。許多大臣紛紛上奏章彈劾王安石，神宗沒有採納，繼續讓王安石任職治事。司馬光與王安石一向交好，他也認爲王安石的新法有許多不周全的地方，因而屢次寫信規勸，卻引起王安石的不滿。

有一次，神宗召司馬光前來，詢問他對新法的看法，司馬光說：「朝廷現在所推行的青苗法，是鼓勵百姓向官府借貸。大家只看到借錢的好處，卻忽略了還錢的痛苦。這無疑是官府想從中賺取利息，當百姓還不上錢的時候，官府討債兇神惡煞的模樣，是百姓所無法承受的。這種做法看似利民，實則是殘害百姓，臣實在不敢苟同。」過了幾天，神宗又召司馬光議事，說：「朕欲推行新法，卻遭到多數大臣反對，但朕並不認爲新法有什麼缺失。」司馬光說：「現在滿朝文武只有王安石、韓絳與呂惠卿覺得新法可行，其他人都反對，難道陛下只和這三個人治理天下嗎？」神宗說：「朕聽聞你與安石交情深厚，可是你在推行新法這件事上極力反對，難道你不怕會影響到你們之間的友情嗎？」司馬光說：「臣讀聖賢書，學習的是明辨是非曲直的道理，怎能因爲私人的交情就影響臣的判斷呢？」

神宗覺得他說的很有道理，想要任用司馬光爲樞密副使，徵詢王安石的意見，王安石說：「司馬光這個人表面上看起來很有自己的主見，實則也不過是附和其他大臣的想法而已，如果陛下要將他放在身邊，讓他參與國家大事，恐怕會影響到國運的興衰，請陛下千萬三思啊！」王安石離去後，神宗對親近大臣說：「司馬光不因私交而袒護朋友，安石卻因司馬光一再反對新法的推行，而在朕的面前說他的壞話，這兩個人的品性優劣當下立判了。」大臣說：「陛下所言甚是，司馬光不因私人感情而影響對事情的判斷，確實是一位難得的人才，陛下既有意用他，何不召他前來詢問他的意見？」神宗就召來司馬光將此事對他說明，司馬光推辭說：「陛下想用臣，是覺得臣敢於直諫，對國家有所幫助。但陛下如果只授予臣官職，卻不聽從臣的意見，執意推行新法，那麼臣就是空佔官位，白拿國家的俸祿，這是欺世盜名的作法。陛下若能廢除新法，那麼就算不用臣，臣也會感念陛下的恩德。」神宗就對他說：「樞密是掌管軍事，你不應當拿其他的事情當藉口來推辭。」後來王安石出來執政，對司馬光的任命也就終止。

人物

司馬光，字君實。宋陝州夏縣涑水鄉人。哲宗初年入朝爲相，廢掉王安石推行的新法，恢復舊制。歷仕仁宗、英宗、神宗、哲宗四朝，主持編纂《資治通鑑》爲中國第一部編年體的史書。卒贈溫國公，謚文正，世稱爲「涑水先生」。

釋評

我們經常會因爲私人情感而影響自己的判斷，無論是喜歡的人或者是討厭的人，時常影響我們對於事情的客觀判斷。一件事如果無法根據客觀情勢予以分析，而被私人情感所左右，那麼可能會判斷錯誤，而造成無法挽回的局面。要解決這個困境的方法就是從書本裡面吸取前人的智慧，雖然多讀書並不能一定保證我們可以擺脫私人情感的羈絆，但至少書讀得多的人，比書讀得少的人更加理性，且能從歷史的教訓中汲取經驗。如此遇到事情時，可以降低被情感左右判斷的因素，從而做出更正確的決定。

名人佳句

讀書不難，能用為難。

這句話是張潮所說的，摘錄自《幽夢影》。意思是說：「讀書要理解不難，但要實踐在生活中才是困難。」人無法擺脫情感的羈絆，往往不是因為他書讀得少，而是因為他讀書只停留在理解的層次，還沒有進入實踐的層次。書本裡的智慧唯有真正運用在生活中才算是讀懂了，這樣的人遇到事情才能夠做出正確的判斷，而不受個人主觀因素的影響。

原文

抑性而後正身焉。

譯文

抑制人的性情，才能端正自身。

事典

不近人情的王安石

王安石是宋朝人，在他尚未發跡顯貴時，就已經聲名遍佈整個京城。他不喜歡穿華美的衣服，個性非常節儉，常常蓬頭垢面，衣服髒了也不洗，當時的人認爲他很賢德。蘇洵卻批評說：「這哪裡是節儉呢？哪有讀聖賢書的人會如此邋遢，根本是違反人情的作法，這種人很少不奸詐邪惡的。」神宗時，王安石推行新法，他固執己見，認為新法是消除積弊、有利民生百姓，所有反對的人都是迂腐不堪、冥頑不靈。王安石的新法其中一個就是保甲法，將軍事制度的概念用於民間，將人民組織起來，以對抗賊寇，以減省軍費開支。

開封地方的百姓為了逃避保甲，不惜砍斷自己的手指，知府上報神宗，神宗就拿這件事詢問王安石的意見，王安石說：「這件事不知是真是假，就算確有其事，也沒什麼好奇怪的。現在知識份子都反對新法，認為那是標新立異；更何況是民間的百姓，更容易被愚蠢的人煽動，怎麼因為這件事就廢黜新法呢？」神宗說：「百姓的意見也很重要，也不可以完全忽視。」

又有一次，東明縣的百姓攔住宰相的馬控訴新法的缺失，東明縣的知縣賈蕃將此事上報神宗，神宗以此事問王安石，王安石說：「知縣是范仲淹的女婿，他喜歡依附潮流，被他治理的百姓也是如此。」賈蕃說：「百姓攔路伸冤必是不得已而為之，你只看見新法的優點，卻看不見新法的缺點，執意慫恿陛下施行新法，現在引起民怨沸騰，你也置之不理，這難道是治國之道嗎？」王安石說：「官府自有申訴的管道，如果百姓對於朝廷所頒布的制度不滿，各個都攔路伸訴的話，那國家還有什麼制度可言呢？」賈蕃說：「你這是強詞奪理，不近人情的作法。現在很明顯新法出現了問題，你不僅不自我檢討，還一意孤行，認為所有反對新法的人都是迂腐不化之輩，難道真要搞到天怒民怨，你才會省悟嗎？」神宗認為賈蕃的話有道理，把王安石訓斥一番，就令他們兩人退下。

自新法推行以來，只要表示反對的大臣，王安石不是將他們辭退不用，就是貶官發配。甚至是與王安石交情深厚的司馬光等人，他也不遺餘力的加以抨擊。

寧熙七年春天，全國發生嚴重的乾旱，饑民流離失所，神宗憂心忡忡，想要廢除所有不利於民的法令制度。王安石就說：「歷朝歷代都有天災，這是常常會發生的事，陛下不應當爲此感到憂慮，只需要做好應對措施就行了。」神宗說：「這哪裡會是小事，朕之所以憂慮者，正是因爲沒有做好治理百姓的事。自從新法推行以來，上下臣民都怨聲載道，就連皇親貴戚也有埋怨的聲音，如今上天以天災示警，如果朕再置之不理，恐怕謀反叛變的事情就要發生了。」王安石說：「這一定是那些反對新法的大臣故意詆毀臣，否則爲何這些反對的聲音臣沒有聽見。」神宗雖然沒有因爲旱災的事情遷怒王安石，心中卻已經對他不再信任，沒多久就免除他的宰相職務。

人物

王安石，字介甫，號半山，臨川鹽阜嶺（今江西省撫州市東鄉縣）人，是北宋著名的政治家、文學家、思想家。神宗在位時，王安石擔任宰相，實行變法改革，史稱「王安石變法」。由於新法受到守舊派大臣的反對，爆發新舊黨爭，最終變法以失敗告終。

釋評

荀子認爲，人若是順著自己的本性去發展，將會流歸於惡，這就是他著名的「性惡」學說。這裡的「性」指的就是人性中陰暗、不好的一面，如果人不知抑制此「性」而放任其發展的話，就會倒行逆施，做些違背天理人情的事情。反之，如果人平時懂得修身養性，凡事都會自我檢討，那麼就能抑制「性」，而行事端正，不會做出驚世駭俗，損人又不利己之事。

王安石就是一個放任「性惡之性」發展而不知抑制的人，他只看到新法的優點，而看不到新法的缺點。即便天下人都認爲新法的弊多於利，他仍然視若無睹、置若罔聞，只願意聽自己所願聽，看自己所願看。所作所爲皆是違背天理人情，但他絲毫不懂得自我檢討，反而剷除所有反對他的大臣。最後終於失去神宗的信任，而被免除了宰相的官職。

名人佳句

人之性惡，其善者偽也。

這句話是荀子所說，摘錄自《荀子．性惡篇》。意思是說：「順著人的本性去發展，會流歸於惡，善是後天通過禮義教化而成，所以是人為的。」人的性情喜歡追求物質享受，若是放縱這方面去發展，就會有作奸犯科等情事發生。例如：男人喜歡美女，但凡只要看到美貌的女人都據為己有，不管她是否願意，也不管她是否有丈夫、情人，那麼喜歡美色的天性就會導致強姦、侵佔等行為。所以，需要後天以禮義的教化，教導人們應該發乎情、止乎禮，固然可以喜歡美色，但是不可以使用強硬的手段將美女據為己有。所以，人天生的性情需要抑制，而抑制的方法就是用禮義來教化人們，使人們懂得何事該做，何事不該做，這樣才能持身端正。

解危學

原文

縱親見私，不容也。

譯文

縱容親近的人，是偏袒徇私的表現，是不公正的。

事典

縱容外戚的漢成帝

漢成帝劉驁的母親是王政君，成帝還是太子時，因爲他沉迷於酒色歌舞，他的父親元帝覺得他一無是處，想要廢他的太子之位，改立傅昭儀的兒子共王爲太子。當時，王政君的兄長王鳳在朝爲官，他們都很擔心這件事。王政君對王鳳說：「我自被封皇后之後，一直得不到陛下的寵幸，鶩兒又不爭氣，整天飲酒作樂，萬一他眞的被廢了太子之位，那我的下半輩子眞的就沒有指望了。」王鳳說：「妹妹不用擔憂，廢太子是國家大事，想來陛下也不敢貿然做決定，我會上奏表示支持太子。」與此同時，侍中史丹擁護太子，劉鶩才逃過了被廢黜的命運。

宣帝駕崩後，成帝即位，王政君被封爲皇太后。成帝感念王鳳在他當太子時，一直對他表示支持，且他又是自己的親舅父，在朝政上就更爲倚重他，任命他爲大司馬大將軍兼任尙書，加封五千戶封邑。成帝的近臣就勸諫他說：「歷代外戚專權禍亂朝綱，王鳳是皇太后的兄長，您如此重用他，難道不怕舊事重演嗎？」成帝說：「朕剛即位不久，許多事務都不熟悉，正需要仰賴舅父的輔佐，放眼滿朝文武百官，有哪個人比舅父更能信得過呢？況且，朕當太子時，一度險些被廢，若非有舅父等朝臣支持，朕哪裡會有今天？」成帝不僅加封王鳳官職與封邑，還加封太后的弟弟王崇爲安成侯。王鳳的弟弟也獲得封號與封地，王家的勢力在朝中日益壯大。

成帝近臣又向他進言：「朝中文武百官各司其職，都有其獨特的專長，陛下不應該偏愛外戚，只重用太后娘家的人，這樣恐怕會引來其他官員的不滿。」成帝不聽勸，仍加封王氏一族。某年夏天，黃霧瀰漫整日不散，有大臣上奏說：「上天降災，這是因爲陰氣太盛侵害陽氣的緣故。我朝從高祖開始，除非是有功勳的臣子，否則不加封爲侯。現今太后的兄弟們沒有功勳卻能封侯，這是從來沒有過的先例，所以上天以異象示警。」王鳳聽說之後，心懷恐懼，就上書辭謝說：「陛下初登皇位，一心守喪，所以才命臣代領上書事。如今陛下喪期已滿，應當親自處理政務，請允許臣退職還鄉。」成帝回覆說：「朕自登基以來，對很多事情都不明白，所以才導致陰陽失序，這實在是朕的失誤。現今大將軍把過失都攬在自己身上，請求解除職務，更顯示朕的無德，請您不用擔心，繼續的輔佐朕。」

朝中大小事務都把持在王鳳手中，成帝想任用一個臣子都得徵求王鳳的同意。太后的親族也都分封爲侯，朝中重要的官職都由王氏一族擔任。也正因爲太后娘家的勢力日益壯大，傳位到漢平帝時，才發生太后的侄兒王莽篡漢的事件。

人物

王鳳，字孝卿，漢魏郡元城人。是漢元帝的皇后王政君的兄長。漢元帝即位，父親王禁被封爲陽平侯，後來。王鳳繼承侯位，官拜衛尉侍中。劉驁登基後，以王鳳爲大司馬大將軍兼領尚書事。王氏一族把持朝政，謚號敬成，是爲陽平敬成侯。

釋評

人都喜歡任用親近的人，因爲我們對於身邊的親朋好友最爲熟悉，所以當有升遷機會或者職缺時首先就會先想到他們。但這也會造成一些問題，某些賢才因爲我們對他不熟悉往往就不敢舉薦或任用，容易導致人才被埋沒。而且總是選用身邊親近的人，容易被別人說閒話，認爲這些人是走後門、攀關係。當親近的人犯了過錯，我們又很容易徇私偏袒，造成了不公允的現象。久而久之，引起他人的不滿，容易被人質疑我們的用人能力，進而爲自己帶來禍患。所以，當我們在選用人才時，應該設置公平的評選標準，這樣才能避免上述的問題。

漢成帝就是因爲加封王太后娘家的兄弟爲侯，朝中大部分重要的職位都由王氏一族擔任，造成王家勢力太大。這個外戚擅權的局面，一直持續到他死後傳了兩任帝王都是如此。等到了漢平帝時代，被王莽下毒害死，他自己篡位稱帝。王莽篡位的事件，可以說都是由漢成帝開始，大量任用王氏一族所引發的後患。所以，舉薦人才應當公平公正，不應該徇私偏袒，否則最後遭殃的還是自己。

名人佳句

內舉不避親，外舉不避讎。

這句話是戰國時代韓非所說的，摘錄自《韓非子．說疑篇》。意思是說：「選用人才只問有沒有才幹，而不因親人或仇敵就避開不用。」選用人才應該公開公正，不因為這個人是我的親戚朋友，我怕被人說閒話就不用；也不因為這個人是我的仇敵，我因為記仇就不用他。這樣方能不錯失任何一個賢德的人。

解厄學

原文

縱友見拙，不智也。縱憐見稚，不厚也。

譯文

縱容朋友是愚笨的表現，是不明智的。縱容可憐的人是幼稚的表現，是不寬厚的。

事典

縱容朋友的苻堅

魏晉南北朝時代的東晉大司馬桓溫，率軍北伐前燕，吳王慕容垂自請出戰，成功擊退了桓溫，立下赫赫戰功。他要求當時的前燕皇帝慕容暐加封有功的部下，卻遭到忌憚他聲望的慕容評極力反對。兩人爲此事爭執不下。慕容垂的兄嫂可足渾氏討厭慕容垂，就和慕容評商議要除掉慕容垂，慕容垂聽到消息，心中恐懼就離開前燕，前往投奔前秦的君主苻堅。苻堅早有想併呑前燕的野心，聽到慕容垂前來投奔，很高興的前往迎接他，還與他結爲知交。

苻堅麾下大將王猛就勸他說：「慕容垂此人，頗有權術智謀，他的兒子各個都是人中豪傑。這樣的人留在身邊，無異於養了一隻猛虎，恐怕日後將被其反噬，不如現在就將他除掉。」苻堅說：「前秦帝國能有今日，全依靠這些來自四面八方投奔我的英雄豪傑，才成就我今天的功業。況且，慕容垂剛來到時，朕與他以朋友相交，以誠相待，現在卻要取了他的性命，那麼豈不是謀害朋友，這是陷我於不義啊！」王猛說：「陛下難道沒有聽說過『養虎爲患』這個道理，今天若是一念之仁，將來恐怕後悔莫及。」苻堅說：「朕與人相交最重義氣，要朕謀害朋友這種事情絕對做不出來，如果朕眞的這樣做了，天下人又會怎麼看待朕呢？」

不久，苻堅派王猛出兵攻佔前燕首都鄴城，生擒出逃的皇帝慕容暐，正式呑併了前燕。

肥水之戰苻堅戰敗後，他所率領的麾下軍隊全都潰散，只剩下慕容垂的一支軍隊得以保全。苻堅就率領殘餘部眾前往投奔慕容垂，此時的慕容垂已經有背叛前秦的想法，慕容垂的兒子慕容寶，就勸父親趁機殺掉苻堅。慕容垂搖搖頭說：「苻堅在我最困難的時候收留了我，我倆一見如故，成了知交，要我在他兵敗的時候把他殺了，這種趁人之危的事情，我做不出來。」慕容寶說：「父親難道願意永遠寄人籬下嗎？您別忘了，當初苻堅併呑了前燕，與我們有滅國之仇。您把他當成朋友，無異與虎謀皮，他現在打了敗仗，只剩一千餘騎，想要殺他此時是最好的時機，否則等他重新整頓，恢復了元氣，我們再想對付他就難了。」慕容垂說：「還是再等等吧！」

苻堅整頓殘餘部眾，率軍抵達洛陽時，慕容垂就決定背叛苻堅，他向苻堅請求說：「河北地區的民眾，聽說陛下出師不利，民心渙散，臣請旨前往安撫百姓，順便拜謁慕容氏宗廟陵墓，請陛下准許。」苻堅批准了。尚書左僕射權翼聽說此事後，極力反對，勸諫苻堅說：「慕容垂此人勇略過人，世代都是中原東部的豪傑，先前他前來歸附是爲了避禍，難道他只做個冠軍將軍便能滿足嗎？像他這種人，就像是那些被馴養的老鷹，飢餓才肯被人飼養在樊籠裡，每當風起就會升起凌雲壯志，翱翔天際，陛下應當將他鎖在籠中才是，怎麼可以輕易放走他呢？」苻堅說：「愛卿所言有理，但朕已經許諾他，朕乃天子，怎麼能夠出爾反爾？況且，朕一向將慕容垂視作朋友，對待朋友怎麼能夠不講信用呢？」權翼說：「臣聽聞愚蠢的人才會縱容朋友，不寬厚的人才會同情心氾濫。陛下將慕容垂當作朋友，一而再，再而三的縱容他，實乃不智之舉；昔日他被親族的人逼得走投無路，陛下收留他是同情他的處境，但收留一個猛虎在身邊，無視於國家百姓的安危，這是不寬厚的舉動。陛下只重視對一個人的信諾，卻將百姓社稷的安危置之不理。慕容垂此番離去，就再也不會回來了，從此關東要亂了。」苻堅沒有聽從權翼的諫言，派遣將軍李蠻、閔亮、尹國率眾三千送慕容垂前往。

不久，慕容垂集結兵馬，背叛前秦，建立後燕，自立爲吳王。慕容暐的弟弟慕容泓，起兵作亂，打敗苻堅派遣的將軍強永，率軍前往投靠慕容垂，兩股勢力集結，聲勢更加盛大。苻堅聽說此事，便後悔不該答應慕容垂的請求，放他離去。他對權翼說：「朕後悔沒有聽愛卿的勸諫，才使鮮卑族慕容氏壯大至此。」

人物

苻堅，字永固，氐族人，略陽臨渭（今甘肅省泰安縣）人。苻堅在位期間重用漢人王猛，推行與民休息政策，加強生產，令國家富足強盛。以武力消滅北方多個獨立政權，成功統一北方，並攻佔了東晉領有的蜀地，與東晉形成南北對峙局面。王猛去世後，大舉攻伐晉國，與謝玄等人戰於淝水，是歷史上著名的淝水之戰。

釋評

人大多是護短的，我們對待朋友往往採取包容的態度，但若是朋友一再做錯事，而我們卻給予無限度的包容，等到朋友釀成大錯，我們就間接的成爲幫凶，這樣並不是對朋友講義氣，反而是害了朋友。所以，無限度的縱容朋友是沒有智慧的表現。另一種情況是，我們看一個人可憐，就再三的容忍包容對方，這是濫用同情心的表現。適度的包容或許能使對方省悟，但若是對方不知悔改，不斷的犯錯，這時若還是包容他，就變成了縱容，倘若對方犯下難以挽回的錯誤，我們就難辭其咎了。所以說，濫用同情心的人是很幼稚的，他們完全沒想到無辜民眾的安危，這種人看似寬容，實則對待無辜民眾卻是殘忍的。

苻堅的失敗，是因爲他喪失了兩個剷除禍患的最佳時機：第一，在慕容垂來投奔他的時候，就應該聽王猛的話殺掉他，可是苻堅顧及道義沒有這麼做。第二，在慕容垂請求去河北之的安撫百姓與掃墓祭祖時，就應當聽權翼的話拒絕他的請求。然而，苻堅也沒聽從權翼的勸諫，而放虎歸山，最後釀成大禍，後悔也來不及了。

名人佳句

寬以濟猛，猛以濟寬，政是以和。

這句話是春秋時代左丘明所說的，摘錄自《春秋左傳》。意思是說：「治理國家要寬容與凶暴並濟，政治才能和諧。」太過寬容會造成百姓輕慢，無視法律制度的約束，而做出許多違法犯禁之事，這個時候就要嚴刑峻法，讓人民害怕而不敢作奸犯科。但是法律太過嚴峻，會造成暴政，使人民無法忍受，而將有造反的事情發生，此時應該採取寬容的政策，以安撫百姓。所以說，想要讓政治清明，君臣上下和諧，就必須寬猛並濟，兩者尺度要適度的拿捏，若有一方太過，都有可能造成天怒人怨的結果。待人處事也是同樣，不可待人太過嚴苛，否則必會引起對方的不滿與反彈；亦不可太過寬容，反則對造成對方予取予求，造成過度的放縱。

原文

天怒成災，人怒成害。

譯文

上天震怒會造成天災，人發怒會釀成禍害。

事典

紂王暴虐引起民憤

殷商紂王暴虐無道，沉迷酒色歌舞，他寵愛妲己，妲己說什麼他都聽從。妲己喜歡淫樂，紂王為了取悅妲己，命涓樂師創作靡靡之音，配合低俗的舞蹈，供他與愛妃享樂。妲己喜歡新奇的玩物，紂王就命人到各地去蒐羅奇珍異寶，將宮殿裝飾得美輪美奐。又擴建沙丘的亭台樓閣，四處蒐羅奇珍異獸，放在裡面飼養。紂王揮金如土，國庫的錢入不敷出，就向百姓徵收賦稅糧食，凡是繳不出來的，就命官吏向人民催繳，在饑荒期間，往往逼死許多窮人。紂王又興建酒池肉林，讓男女脫光衣服，在裡面奔逐嬉戲，通宵達旦的暢飲狂歡。

紂王這些舉動引起百姓和諸侯的不滿，有大臣向他勸諫說：「大王寵愛妲己，只聽信婦人的話，對於朝中大臣的諫言充耳不聞，實在是令人寒心。大王又嚴苛賦稅，百姓實在苦不堪言，當君王的應當體恤百姓的辛勞、為天下百姓分憂，而不當只顧自己享樂，置百姓民生於不顧，再這樣下去的話，殷商遲早滅亡啊！」

紂王有一寵臣惡來，聽說了這番話，就對紂王說：「大王您是一國之君，放眼天下都是大王的疆土；疆土上的人民，皆是您的臣子。現在有人說這種大逆不道的話，任意指責大王的不是，這是向大王的威權挑釁，如果大王縱容此人大放厥詞，諸侯與大臣們都群起效仿的話，那國家豈不是要亂了嗎？」紂王覺得惡來的話很有道理，於是就下令將他處死。一旁的妲己聽見了，就說：「把一個人拖出去砍頭有什麼好玩的，不如建造一根銅柱，在下面燃燒炭火，讓罪犯在上面行走，這豈不是更加有趣嗎？」

紂王點頭笑道：「還是愛妃的主意好，寡人即刻命人去辦。」等到銅柱鑄造好了之後，就命罪犯光著腳在上面行走，有些罪犯忍受不住高溫，就掉到下面的炭火裡，發出痛苦的慘叫聲。妲己在一旁看了覺得很高興，紂王見此舉既能懲罰罪犯，又能取悅愛妃，就將它取名為「炮烙」，專門用來懲處罪犯。

這件事傳到西伯昌的耳中，他就私下偷偷的嘆氣，他對家人說：「紂王殘暴，又只聽信妲己與佞臣的話，對於勇敢直諫的忠臣，都把他們給殺了。長此以往，恐怕人民遲早會起兵造反。」這話傳到崇侯虎的耳中，他就去向紂王告發西伯昌，紂王聽了很生氣，就下令把西伯昌囚禁在羑里（今河南湯陰）。西伯昌的臣子聽說此事後，就四處蒐羅美女奇珍進獻給紂王，請求他赦免西伯昌。紂王這才將他放出。西伯昌憐憫那些罪犯，就獻出洛西之地，請求紂王廢除「炮烙」的刑罰。紂王看在土地的份上，就准許了他的請求，並賜予他弓箭和大斧，讓他有征討其餘諸侯的權利。

西伯昌回到自己的封地之後，常常積德行善，諸侯們聽說他的賢名，都紛紛前來依附他。西伯昌的勢力逐漸坐大，而紂王的權力則日漸縮小，而他還沉迷於酒色享樂之中，對這些事情絲毫沒有察覺。紂王的叔父比干向他勸諫，他絲毫聽不進去。等到西伯昌討伐飢國，將它滅亡之後，紂王的臣子祖伊聽說這件事後，心中震驚，他萬萬沒想到西伯昌的勢力已經如此強大，擔心殷商的未來岌岌可危，就去對紂王說：「臣聽說上天發怒會降下天災，人民若發怒會釀成大禍。大王貪圖美色，暴虐無道，上天已經放棄殷商了，大王只顧自己享樂，全然不顧百姓死活。百姓對您怨聲載道，沒有一個子民不希望您滅亡的。現在西伯昌的勢力越來越強大，前往依附他的諸侯越來越多，人民也很愛戴他，看來不久周國就要起兵討伐我們了。大王打算怎麼辦呢？」

紂王說：「我生來就是國君，也是領受天命的，何必害怕西伯昌？」祖伊見紂王不理會他的諫言，就背叛他，對別人說：「紂王不聽勸諫，遲早會滅亡，我若再不離開，也將會淪爲亡國之臣。」

西伯昌死後，周武王姬發起兵攻打殷商，軍隊行至盟津，背叛殷商投靠周國的有八百人。諸侯都說：「周王暴虐無道，應當將他消滅。」周武王卻說：「現在還不是時機，你們無法預測天命。」就率領軍隊回去了。

紂王更加淫亂。許多大臣都因此離開了殷商。比干對別人說：「雖然大多數的諸侯都已放棄紂王，可我身為王叔，怎能眼睜睜見殷商就此滅亡呢？況且為人臣子，主上無道，就應該以死勸諫。」他就進宮以忠言進諫。

紂王大怒說：「寡人聽聞聖人的心有七個孔竅。王叔既然如此為百姓著想，想必心也應當有七竅，寡人倒想看看是否眞是如此？」紂王就命人將比干殺了，挖出他的心來觀視。殷商的大師和少師也很惶恐，擔心自己就是下一個比干，於是拿了祭器與樂器投奔周武王。

周武王覺得推翻殷商政權的時機已到，就率領諸侯討伐紂王。紂王也出兵與周武王的軍隊在牧野大戰。最後紂王兵敗，自殺身亡。周武王就將他的頭砍下來，懸掛在旗幟上，大軍攻進王宮，殺掉妲己。周武王做了天子，百姓都稱頌他的功德，說他是天命所歸。

人物

商紂，商朝最後一任君主。本名帝辛，史稱「紂王」。他曾平定東夷，使中原文化逐漸傳播到長江、淮河流域，奠定中國統一的規模。雖然聰穎過人，卻聽不進臣子的勸諫，沉迷酒色歌彝。嚴苛賦稅，制定許多慘無人道的刑罰，導致民怨沸騰。最後周武王姬發出兵討伐，滅掉殷商，建立周王朝。

釋評

上天震怒就會降下各種災害來示警，意味著人們的行爲有失法度，此時如果還不知悔改，那麼上天就會懲戒惡人。所以，當歷代君王暴虐無道、魚肉百姓時，就會出現賢能的君主帶領百姓推翻暴君。暴君無道，招致百姓怨聲載道、民怨沸騰，此時如果國君再不檢討改善，人民就會群起造反，帶來無可挽回的災禍。

商紂就是一個暴君，他聽不進臣子的勸諫，反而殺掉忠心的臣子。他也無視上天的示警，依然我行我素，最後搞得臣民離心，逼得周武王起兵造反，推翻殷商。

名人佳句

禍福無門，惟人自召。

這句話是摘錄自清代的黃正元所撰的《太上感應篇》。意思是說：「福禍原本是不會來臨的，只有人的行為才會導致福禍的降臨。」是福還是禍，完全取決於人的行為，當人行善積德，自然福就會上門；同樣的，如果作奸犯科、惡貫滿盈的人，找上門來的就只有禍了。

解色學

原文

君子戒悲，小人戒憂。

譯文

君子當以悲觀自我警惕，小人當以憂慮自我警惕。

事典

仁慈寬厚的徐有功

徐有功是唐朝武則天時期的臣子，起初擔任蒲州司法參軍。他處理政事仁慈寬厚，不到萬不得已，絕對不會濫用杖責，治下的官吏和百姓都很感激他，紛紛相互約定說：「如果有誰讓徐大人動用杖刑，我們就要嚴厲的譴責他。」就這樣，大家都很潔身自好，到了徐有功任期滿的那一天，都沒有杖責過一個人。

載初元年時，徐有功升任司刑丞。同年十月，武則天正式稱帝，改國號爲周。她重用周興、來俊臣等人，縱容他們構陷忠良，屈打成招，並將他們全都處死，滿朝文武都怕得罪他們，沒有一個人敢爲那些被陷害的無辜之人站出來說話。徐有功斷案秉持著公正寬恕，有罪的一定處罰，無罪的必定釋放。朝廷詔命交由大理寺卿審判的案子，徐有功替那些被陷害冤枉的人議論開脫，被他救活的有數十百家。徐有功的親信就勸他說：「誰都知道周興、來俊臣是陛下的寵臣，他們藉著司法公器來行使剷除異己之事。大人爲人寬厚正直，替這些犯人洗清冤屈，令他們無罪開釋，可有沒有想過會因此得罪陛下，搞不好還會因此被判處死刑。」

徐有功神色自若的說：「只有小人才會整天憂慮恐懼，君子行事坦蕩，何懼之有？我只替有冤屈的人洗清罪嫌，如果因此而被陛下問罪，就算是死，我也死得其所。」

徐有功赦免罪犯的事情被武則天知道，很生氣的在朝堂上質問他，滿朝文武都戰戰兢兢，只有徐有功面不改色的據理力爭。武則天說：「若是全天下的罪犯都能無罪開釋，那麼朝廷還要制定律法做什麼？」

徐有功說：「有罪之人，臣自然不敢替他們開脫，必當嚴懲，絕不輕放一人；但倘若是無罪被牽連入獄之人，臣也絕不能坐視他們含冤而死。陛下執掌朝政，應當要施行仁政，澤被萬民，這樣天下的臣民都會感念陛下的恩德。」武則天雖然不太高興，卻也認爲他言之有理，就沒再追究此事。不久，徐有功轉任郎中一職。

過了一段時間，鳳閣侍郎任知古、冬官尚書裴行本等七人，被人羅織罪狀陷害本該處斬，武則天就對眾大臣說：「古人以殺戮來遏止殺戮，我現在以恩德遏止殺戮，眾大臣都替任知古等人求情，我就順從民意，赦免他們的罪，並且授予官職，看他們以後的行爲再做決定。」

來俊臣、張知默等人，又上表請求判處任知古等人死刑，並未得到武則天的允許。來俊臣單獨提審裴行本，又將先前的罪狀證實了一次，上奏說：「裴行本誣告朝中大臣意圖謀反，欲陷陛下於不義，理應處斬。」

徐有功上奏反駁他說：「來俊臣違背陛下赦免罪犯的美意，有損聖人恩德誠信之道。爲人臣子雖然應當行使彈劾之權，然而侍奉君主也應當順從他的美德。」裴行本因此而得以免除死罪。徐有功的親信對他說：「原以爲大人替裴行本說話必定觸怒陛下，沒想到反而使他得以免除死罪，實在出乎意料之外啊！」

徐有功說：「歷代賢明的君主沒有不喜歡君子的，像來俊臣那樣的小人只知道阿諛諂媚，陛下心如明鏡，怎會不知誰是忠臣，誰是佞臣？小人依恃著君王的恩寵得以上位，所以他們時常患得患失，唯恐哪一天失去君王的信任，權勢富貴將化爲雲煙。」

親信說：「大人所言甚是，像您這樣的君子，當然行得正、坐得直，無須擔憂會失去君王信任。」

徐有功說：「只要是和天理在一起，就算一時受了些委屈，最終也能夠沉冤昭雪。絕不可貪圖一時的富貴，而行差踏錯，否則追悔莫及。」

後來，道州刺史李仁褒和他的弟弟李長沙，受到唐奉一的誣陷，說他們在高宗末年對武則天執掌朝政十分不滿，想要恢復李氏王朝，論罪當誅。徐有功又替他們據理力爭，卻未能得到武則天的赦免。徐有功時常替被誣陷的罪犯開脫，此舉引起周興的不滿已久，趁此機會上奏說：「徐有功故意替謀反的罪犯洗清罪嫌，這是欺騙君王的行為，論罪當誅，請准許徹查他的罪行。」但武則天覺得徐有功是一個人才，並沒有將他囚禁審問，只是免除了他的官職。

徐有功的親信對他說：「想不到陛下竟被小人蒙蔽，罷免了你的官職，您打算怎麼辦呢？」徐有功說：「君子處亂世，無論貧賤或富貴，應當泰然處之。如果因為被免除官職，就惶惶不可終日，甚至賄賂朝中大臣打通關節，請求官復原職，這種行為有與小人有何差異？」親信說：「話雖如此，但我還是替您打抱不平，您明明沒有做錯什麼事，卻遭到小人的誣陷，因此被罷免官職，您難道沒有半點的不甘心嗎？」

徐有功說：「我相信上天會眷顧善良正直的人，即使一時受到不公平的對待，也只不過是上天給我的考驗罷了，有什麼好擔憂的呢？靜觀其變吧！我相信有才能的人，是不會被埋沒的，假以時日，陛下想起我的好處來，還是有機會可以復出的。」

親信說：「您還眞是樂觀啊！」過了許久，徐有功重新被起用，任命他為左臺侍御史，武則天還特地褒獎他。當時，徐有功的朋友聽說他被授予職務，都替他高興，相互慶賀。

有一次，潤洲刺史竇孝諶的妻子龐氏被奴僕陷害，說她在晚上向神明祈禱賜福免禍。武則天命令薛季昶徹查此事，薛季昶羅織罪狀，坐實龐氏的罪名，判她死罪。徐有功向武則天奏明龐氏是被冤枉的，反而遭到薛季昶等人的陷害，說他幫助逆賊，論罪當斬首示眾。徐有功當時正在處理公務，令史流著淚向他稟告此事，他說：「自古以來有誰不會死，難道會死的只有我一個人嗎？沒什麼好怕的。」說完，便起身走回家去。

武則天召見徐有功問道：「卿近來審理案件，爲何誤判的數量這麼多？」徐有功回答：「誤判是臣一個人的小小過失；不隨便判處死刑，是聖人的無量功德。希望陛下弘揚美德，是天下萬民的福祉。」武則天默然不語，赦免了龐氏的死罪，徐有功卻貶爲庶民。

不久，他又被起用，多次升遷爲刑司少卿。他對親信說：「我現今執掌刑法，更加不能爲了順從聖上的旨意，而誣陷無辜以求免罪。」他擔任司法官員，曾三次被判定死罪，卻仍不改其志，勿使無辜之人含冤枉死，從此之後，那些殘酷的官吏就少了許多。

人物

徐有功，字弘敏，唐朝偃師人。徐文遠的孫子，曾祖母是梁元帝女兒安昌公主。舉明經科，擔任蒲州司法參軍，紹封東莞男。官至左司郎中、司刑少卿等職。他執法寬仁，凡是被殘酷暴虐的官吏誣陷的人，都會替他們洗清冤屈，開脱罪嫌。

釋評

君子無論貧賤或富貴，身分卑賤或高貴，都不會更改志向，對未來充滿信心的。一旦君子感到悲觀，那麼他的志向就已經開始動搖，這時候就很危險，他就會做出小人行徑，而招致禍患。所以說君子要以此自我警惕，無論何種處境，都不可悲觀。小人的權勢富貴是依靠阿諛奉承權貴而來，最害怕的就是失去權貴的信任，一旦他們感到失去權貴的寵信，就會開始感到惶恐，這時就會想盡辦法保住自己的權勢地位，或出賣甚至殺害原本提攜、寵信自己的權貴。歷史上層出不窮的弒君賣主事件，就是在這樣的心態下產生，所以說君子要以憂懼自我警惕，否則待釀成大錯，只會將自己推向萬劫不復的境地。

徐有功堪稱君子的表率，堅持自己認爲對的事情，對於不公義的事情就據理力爭，即便因此得罪武則天被判處死刑，也從不感到恐懼。他對於自己的信念感到樂觀，相信總有一天自己的努力會獲得認可。這就是爲什麼每次被貶黜過了一段時間，他總能重新被起用的原因。

名人佳句

君子坦蕩蕩，小人長戚戚。

這句話是孔子所說，摘錄自《論語‧述而篇》。意思是說：「君子行為光明磊落，無所畏懼；小人則時常患得患失，憂慮恐懼。」君子重視內在德行的培育，待人處世皆秉持良心善性，從不做見不得人的事情，所以心胸坦蕩，從不悲觀。小人做事只要有利，即使傷天害理的事情也會去做。獲得名利權勢後，又時刻擔心會失去，所以經常患得患失。

解厄學

原文

不舍之情，羈身也。

譯文

放不下情感的羈絆，將受其牽累。

事典

被情感牽絆的李治

武則天被冊封皇后之後，高宗李治稱天皇，她則稱天后。武則天足智多謀，廣泛閱覽文史群書。之後高宗罹患風疾，無法處理政務，文武百官上上表奏事，都由武后代爲批閱審定。有大臣對此感到不滿，對高宗說：「歷代都有后宮不得干政的規定，天后如今代替陛下處理政務，牝雞司晨，已經引起朝臣們的不滿了，陛下應該親政才是。」

高宗說：「朕患有風疾，無法處理政務，天后體恤朕所以代爲批閱奏章，她素來聰穎睿智，料想也不會有什麼大差錯的。」

大臣說：「陛下若眞的身體不適，也有太子可以代爲處理政務，把國家大事託付給一個女人，始終惹人詬病。」

高宗說：「天后與朕有夫妻之情，想來也不會害朕。況且若朕此時收回她的權力，恐怕引起天后不滿，傷害朕與她之間的夫妻感情，朕實在不想爲了這件事與她鬧僵啊！」

大臣說：「陛下如此優柔寡斷，爲男女之情所羈絆，將來恐怕李家的江山就要易主了。」

高宗不聽大臣的勸諫，讓武則天輔政幾十年，她的威勢與皇帝沒有兩樣，當時與高宗並稱「二聖」。

高宗駕崩後，太子李顯即位，尊武后爲皇太后。這時，武則天已經有預謀要竄權奪位，在這一天臨朝稱制。不久，廢李顯爲盧陵王，將他幽禁起來。後又立李旦爲皇帝，依舊由武則天臨朝聽政。最後自立爲武周皇帝，實現了她竄權奪位的野心。

人物

唐高宗李治，小名雉奴，字爲善，唐朝第三任皇帝，唐太宗第九子。性情仁孝，聞名當世，晚年染上風疾，由武則天攝政，導致大權落入武氏手中，爲武則天篡位打下基礎。

釋評

人是社會動物，難免有父子親情、夫妻之愛，重感情是人之常情，但若是被情感所牽絆，導致失去自我判斷的能力，那麼就容易被斷方牽著鼻子走，甚至會爲自己帶來災禍。

唐高宗李治就是因爲性格儒弱，才會被武則天所左右，讓她把持朝政幾十年，到最後武則天索性竄權奪位，成爲歷史上第一位女皇帝。

名人佳句

放情者危，節欲者安。

這句話是三國曹魏的桓範所說的，摘錄自《政要論・節欲篇》，本文收錄於《群書治要》。意思是說：「縱情會帶來危險，懂得節制欲望的人才能常保平安。」這裡的「情」指的是個人的好惡，對於世間萬物的喜好與厭惡的心理狀態。我們看到美的東西就會欣喜，這種喜歡的心理狀態會讓我們想要擁有美的事物，但並不是世間所有美的東西都能占為己有。例如：男人都喜歡美女，但若不是兩情相悅，而是一方的霸道占有，那就變成了掠奪、欺壓。所以說，要適當的節制欲望，要能分辨是非，而不能一昧放縱自己的私人欲望，否則將會做出違法的事情，那麼就會為我們帶來災禍，不可不慎。

原文

幸不恃色，榮定其品也。

譯文

不依靠美色獲得君王的寵幸，依照婦人的品德來決定她的榮辱。

事典

賢德的姜后

周宣王的皇后姜后是齊侯的女兒，個性賢良淑德，不合禮儀規範的言行一律杜絕。周宣王沉迷女色，每天總是很早就休息，第二天很晚才起床，因此而耽誤了早朝時間。姜后十分爲夫君擔憂，唯恐他會因此而耽誤處理政務，致使國家衰敗。於是她就脫下頭簪和耳環，搬到宮內幽禁妃嬪的地方自請其罪，請傅母（宮中負責教導皇子的保姆）轉告宣王說：「臣妾不才，臣妾沉迷於男女情欲，才讓君王違背禮制遲上早朝，使得君王喜歡美色而忘了德行。沉迷美色的君王，必定奢侈浪費放縱私欲，這是國家衰敗的原因。這敗亡的原因起於臣妾，所以請求君王治臣妾之罪。」

周宣王聽到後，前往永巷，握著姜后的手說：「是寡人失德，才會犯此過錯，與夫人無關。」從此以後，周宣王勵精圖治，不再沉迷美色，早朝晚退。

姜后還制定一套後宮侍寢的規矩，凡是侍寢的王后或夫人，皆拿著蠟燭進入君王的寢宮，一進入寢宮就吹熄蠟燭，進入房中脫下朝服換上內衣褲，然後才去侍奉君王。早上雞鳴啼叫，命樂師擊鼓告知君王已經天亮，王后和夫人起床更衣，並讓身上佩帶的玉珮和玉環互相撞擊發出聲響，提醒君王該起床上朝，然後才離去。姜后的這種美德，傳遍朝野內外，大家都稱頌姜后的賢德，才讓周宣王成為周朝中興的君主。

人物

周宣王，姓姬，名靜，一作靖。西周第十一代天子。他的父親周厲王在位時，連年征戰，導致國庫空虛，朝政敗壞，百姓流離失所。宣王即位後，勵精圖治，又有賢臣良將輔佐，讓衰落的周王朝得以恢復，使得諸侯來朝，四夷臣服，史稱「宣王中興」。

釋評

歷朝歷代依靠美色迷惑君王的女子，大多都是像妲己、褒姒那樣的妃子。沉迷美色的君王，也都似桀、紂那樣的昏君。可見女人依靠美色獲得寵幸，終是鏡花水月，雖然能獲得一時的寵愛，卻無法長久。等到年老色衰或者國破家亡時，下場就是被人視如敝屣。所以，以德行來侍奉君王，才是可以讓自己的榮耀歷久不衰的秘訣。像姜后這樣為國家社稷著想的王后，才會獲得臣民與夫君的敬重，她賢德的名聲傳揚萬世，歷久而不衰。

名人佳句

女子有才而不露其才，方為大德。

這句話摘錄自清朝張岱《公祭祁夫人文》。意思是：「女子有才華卻不將她的才華顯露出來，才能稱得上是有德行的女子。」古代女子出嫁之後，最重要的就是相夫教子，如果處處顯露自身的才華，不僅會讓丈夫自慚形穢，影響夫妻間的關係，還會招蜂引蝶，引來不必要的麻煩。況且，古代只有男子可以通過科舉考試來做官，而女子縱然滿腹經綸，仍無法參加科舉考試，所以古時認為女子讀太多書沒有用處。但歷史上仍有一些飽讀詩書的才女傳為佳話。所以，並非是說女子就不需要讀書，而是說要將自己的才華與鋒芒內斂含藏，不要成為丈夫與子女的負擔，如此才能稱得上有德。

解色學

原文

義不恃媚，信定其諧也。

譯文

道義不能依靠諂媚來維持，信任是建立在和諧的友情基礎之上。

事典

諂媚君王的許敬宗

許敬宗是唐朝人，他位居高位，是因爲他懂得抓準時機諂媚皇帝，逢迎拍馬。當時武則天還只是一個昭儀，受到高宗李治的寵愛，高宗一心想立武昭儀爲后，可是遭到大臣們的極力反對。許敬宗揣摩皇帝的心意，對高宗說：「農民多收穫十斛麥子，尚且想要換掉糟糠之妻。皇上貴爲天子，放眼四海皆爲陛下所有，想要立一位皇后，卻還得看朝臣們的臉色，這是爲什麼呢？」

高宗聽了很高興，說：「愛卿所言極是，朕既然是天子，想要立誰爲后，又有誰敢說一個不字？愛卿所言甚合朕意，眞是所謂的知心人啊！」高宗打定主意立武昭儀爲后，於是先廢了王皇后，許敬宗請旨削掉王皇后娘家的官爵，廢太子忠改立代王。

有大臣向高宗勸諫說：「許敬宗此人善於逢迎拍馬，不是正人君子，陛下可要離他遠點才好。」

高宗說：「滿朝文武只有許敬宗一人說出朕的心聲，正是知音人，怎麼會是小人呢？愛卿多慮了。」高宗遂了心願，任命許敬宗爲侍中，監修國史，進爵郡公。

許敬宗因奏請立武昭儀爲后有功，在極短的時間內加官晉爵，有親信就問他是如何辦到的，許敬宗自豪的說：「說起來也很簡單，只要揣測皇上的心意，在適當的時機進言，皇上得其所願，自然就會有封賞了。」

親信說：「如此阿諛奉承，不是君子所當爲，況且君臣之間的關係，不是應該建立在互相信任之上嗎？這麼做好像是利益交換，各取所需，這樣似乎不太妥當吧！」

許敬宗搖搖頭說：「滿朝文武皆是正人君子，可是他們冥頑不靈，一昧勸阻皇上立武昭儀爲后，惹得皇上不悅，我不過是替皇上解圍而已，這也是爲人臣子該做的事。」許敬宗不聽勸告，繼續諂媚皇上。不久，他發現武后殘暴凶狠，能夠箝制住皇上鞏固自己的權力，他依靠自己奏請立后有功接近武后，又替她出謀劃策，殺掉反對武后輔政的大臣。因此獲得朝廷的器重，權勢如日中天，滿朝文武無人能與他相比。

許敬宗的親信對他說：「武后身爲女子，就應該在後宮相夫教子，可是她竟然替皇上處理前朝政務，做君王的事情，這天下豈不是要亂了嗎？許大人你身爲人臣，不是應該勸諫皇上，怎麼反而幫著武后對付反對她的大臣呢？」

許敬宗說：「我入朝當官爲的是什麼，不就是加官晉爵，能讓子孫過上好日子嗎？當今皇上雖然是天子，實權卻是掌握在武后手中，只要武后說一句話，皇上也無法反對。我當然是依附眞正掌握權力的人，至於道義什麼的，又能値幾何呢？」

高宗與武后都將他視爲心腹大臣，升他爲右相。那些忠貞耿直的大臣，都不屑與許敬宗往來，認爲他之所以能勝任右相，完全是依靠諂媚皇上與武后得來的，並非是依靠眞本事，所以大家都瞧不起他。

人物

許敬宗，字延族。唐高宗官員，因奏請立武則天爲后有功，受到高宗的寵信。後來幫助武后剷除異己，放逐褚遂良，賜死長孫無忌。官至中書令。

釋評

人與人的友誼應當是建立在互相信任的基礎之上，爲了某種目的而說迎合對方心意的話，這樣的人並非是眞心與人相交，而是把友情當成一種利益互換的關係，一旦對方沒有利用價值，就一腳踢開，完全沒有道義可言。

許敬宗一開始諂媚高宗，奏請立武則天爲后有功，後來發現高宗是個怕老婆的，武則天又有手段可以掌控住皇上，所以就轉投到武則天的麾下效命。他並沒有什麼忠義可言，完全是看誰能給他利益就效忠他。這是小人的行徑，君子不屑爲之。

名人佳句

言必信，行必果。

這句話是孔子所說，出自《論語．子路篇》。意思是說：「說話有信用，行事果斷。」如果待人誠信，行事果斷，容易取得別人的信任，別人自然會以誠信待之；倘若待人只會阿諛奉承，為了獲得自己的利益，不惜說謊騙人，這樣的友誼不會維持很久。

第八卷

向善卷

吉有其因，福有其源。天佑善者，其心悟焉。

言善未必善，觀其行也。言惡未必惡，審其心也。名勿信，實勿怠。

君子亦怨，不誤其事。小人亦友，不輟其爭。利可求，遵可守。

惡惑愚不惑智也。善貴誠不貴法也。

解厄學

原文

吉有其因，福有其源。天佑善者，其心悟焉。

譯文

上天不會無端降福，行善之人才能有福。上天只會護佑善人，他們能夠心領神會。

事典

善有善報的陰鏗

陰鏗是南北朝時期的陳朝人，擅長寫作五言詩，博覽群書，當時的人十分推崇他。有一年冬天，陰鏗宴請一群朋友喝酒吃飯，他看見宴席間負責替賓客倒酒的僕人，就拿杯熱酒請他喝。滿座的賓客都嘲笑他，陰鏗說：「我們這些達官貴人、世家子弟，終日飲酒作樂，而替我們斟酒的人卻不知酒是何滋味，這不通人情。我們享受慣了，也該讓服侍我們的人嚐一嚐這酒的滋味。」陰鏗沒有想到，當時這無心的善舉，卻讓僕人深深記在心底。

等到侯景之亂爆發，陰鏗被亂黨所擒捉，有人救了他，才讓他逃過一劫。陰鏗就問那個人說：「我與你素昧平生，你爲什麼要救我呢？」

那個人說：「你還記得有一年冬天，你賞賜一杯酒給僕人嗎？我就是那個僕人。」陰鏗這才恍然大悟。

那個人說：「或許在當時對你來說只是一個無心之舉，但對於一整天都沒吃喝的我來說，那杯酒如同甘霖一般美味，我那時就暗暗對天發誓，有一天一定要回報你。」

陰鏗說：「這麼久的事情，我都已經忘記了。無論如何，感謝你此番相救之情，我會銘記在心。」陰鏗因此逃過一劫，後來官至招遠將軍。

人物

陰鏗，字子堅，武威姑臧（今甘肅武威）人。南北朝時代文學家。擅長詩詞歌賦的創作，受到文帝的賞識，屢次升任招遠將軍、晉陵太守、員外散騎常侍，不久過世。現存《陰常侍集》一卷傳世。

釋評

上天會根據人的行爲來賜予禍福，沒有平白無故的好事，也沒有無端發生的禍事，是禍是福完全取決於人的行爲。善良的人深知這個道理，他們不會去做壞事，而多行善積福，這樣的人才會受到上天的眷顧。

陰鏗當時只是見到替他斟酒的僕人，在寒冷的天氣裡忍受著飢餓，還得服侍參加宴席的賓客，他生起了惻隱之心，所以才給這名僕人一杯酒喝。這杯酒不僅溫暖了僕人的胃，也溫暖了他的心。所以許多年後，當他見到危難的陰鏗時，就立刻施以援手，也就是因爲這樣，陰鏗才撿回了一條命。

名人佳句

善惡到頭終有報，只爭來早與來遲。

這句話是明代凌濛初說的，摘錄自《二刻拍案驚奇》卷二八。意思是說：「一個人無論做好事還是壞事，都一定會有報應，現在沒有報應顯現，是因為時候未至。」如果想要獲得福報，平時就應該多行善積德。那些不信因果報應的人，容易去做一些壞事，如此就會得到惡報。不要心存僥倖，因為老天爺是公平的。

解厄學

原文

言善未必善，觀其行也。

譯文

表面上說好聽的話，內心未必是這樣想，要從他的行為舉止來觀察。

事典

僞善的公叔座

公叔座是戰國時代魏國人，魏王任用他爲宰相。有一次，魏王命他率軍在澮北之地與韓、趙聯軍作戰，公叔座獲得勝利，生擒趙國大將樂祚。魏王很高興，親自前往迎接，要賜予他豐厚的獎賞。公叔座跪拜辭謝說：「臣何德何能，僥倖贏了此戰，也不過是採用吳起生前所制定的戰略而已。臣沒有任何的功勞，大王若要封賞，應當獎賞吳起的後人才是。」

魏王就稱讚他說：「你立下汗馬功勞，卻不居功自傲，如此賢才著實難得。」於是賞賜吳起的後代田地二十萬畝，公叔座獲賞四十萬畝。

公叔座的親信就問他說：「大王要賞賜你，爲何要推辭呢？你立下如此大的功勞，可以向大王要求更多的封賞。」

公叔座說：「如果我一開始就接受大王的賞賜，恐怕離死也不遠了。我立下大功，若在大王面前炫耀自己的功勳，大王難免會懷疑我別有居心，接下來就會對我有所提防，恐怕不會繼續任用我。與其如此還不如以退爲進，不居功自傲，大王還會覺得我爲人謙遜，將來會賞賜我更高的官職。」

後來，商鞅（原名公孫鞅）在公叔座麾下當一名小官。公叔座知道商鞅是個人才，他屢次在商鞅面前對他說：「你有如此才幹，我一定會在大王面前推舉你。」

原本商鞅還滿心期待，幾次過後，他就了解公叔座根本不是眞心想要舉薦他，便對一位朋友說：「看來，魏國是不能久待了，待了再久，也不可能得到重用。」

朋友說：「怎麼會呢？公叔宰相不是很欣賞你嗎？他應該不久就會向大王舉薦你了，且再等等吧！」

商鞅說：「我覺得他只是在敷衍我罷了，他怕我受到重用後地位會在他之上，所以遲遲不肯向大王舉薦我。而他也怕我去別國受到重用，日後與魏國爲敵，會影響到他在魏國的地位，所以才一直敷衍我，否則他若眞要舉薦，老早就跟大王說了，何至於拖到現在？」

不久，公叔座生了場重病，他知道自己時日無多，魏王剛好親自前往探病，對他說：「你如果不幸病逝，寡人能夠倚重誰呢？」

公叔座說：「我麾下有一名官吏叫做公孫鞅，雖然年輕，卻有奇才，希望大王以後在國事上有不能決斷者，都能向他請教。」

魏王沉默不語。起身將要離去時，公叔座屏退身邊的人，對魏王說：「如果大王不願意用公孫鞅爲宰相，就一定要殺了他，千萬不能讓他去投靠別的國家，否則將來必成魏國大患。」魏王點點頭便離開了。

公叔座召商鞅前來對他說：「我現在病入膏肓，恐怕不久於人世。我已經向大王舉薦你接替我的位子，可是大王並沒有答應。爲了魏國的利益，我就跟大王說如果不能用你，就將你殺了，大王採納了我的意見。念在過往的情份上，我不忍見你被殺，你還是快些逃走吧！」

公孫鞅說：「魏王既然沒有採納你的意見任用我爲宰相，同樣也不會聽從你的話殺了我，我又何必逃呢？」

他離開後，對朋友說：「公叔座眞是虛僞，他從來都不希望我當魏國的宰相，他之所以向魏王舉薦我，是想博得愛惜賢才的美名。魏王不能重用我，就建議魏王把我殺了，還故意把這件事透露給我，惺惺作態的叫我逃跑。」

朋友說：「既然如此，你何不逃走呢？」

商鞅說：「不能逃，我留下的話魏王想必也不會殺我，可是如果我逃走，魏王必定認爲我別有所圖，馬上派人來追殺我。」

朋友說：「公叔宰相眞是個表裡不一的人。」商鞅堅持留在魏國，沒有離開。等到公叔座去世後，他才離開魏國去投奔秦國，後來受到秦王重用，當了秦國的宰相。

人物

公叔座，《戰國策》作公叔痤。中國戰國時期魏國的宰相。歷仕魏武侯、魏惠王。他離間魏武侯與吳起的君臣關係，導致吳起離開魏國，投奔楚國。少梁之戰，魏國戰敗，秦國俘虜公叔座，不久又將他釋放。公叔座臨死前，向魏惠王舉薦公孫鞅，魏王並未任用公孫鞅，公叔座死後他就投奔秦國。

釋評

俗語說：「人心隔肚皮。」一個人說出來的話，並不能代表他內心的眞實想法。大多數的人都希望以和善待人，自然也希望別人以和善對待我們，所以當別人說出好聽、善意的語言時，我們往往不假思索的就能接受並信以爲眞。但危機往往就隱藏在這裡，對方不一定心口如一，有可能故意說好聽的話迎合我們的心意，等我們卸下心防時，出其不意的傷害我們。要如何檢驗別人釋出善意的話是眞實的呢？我們可以從他的行爲來驗證，檢驗他的行爲是否與他說的話一致，由此再來判定我們到底要不要相信這個人。千萬不要被對方的花言巧語所蒙騙，最後被人出賣還不自知。

名人佳句

巧言令色，鮮矣仁。

這句話是孔子所說，摘錄自《論語．陽貨篇》。意思是說：「說好聽的話，待人和顏悅色，心裡卻不誠懇，這樣的人還能夠實踐良心善性是非常少的。」小人為了達到自己的目的以獲取利益，懂得花言巧語哄騙對方，臉上堆滿笑容，卻是虛偽做作，沒有半點真心實意，這是君子所不齒的行徑。而仁心是君子的美德，君子會自我反省，對於不合理性的事情會自我檢討，所以不會為了達到某種目的去取悅他人。

公叔座是一個巧言令色的人，他為了自己的權力富貴，刻意不居功自傲，以獲取魏王的信任。他忌妒商鞅的才華，卻在臨死之前，假惺惺地把他推薦給魏王，他大概是想借魏王之手除掉商鞅。後來他死後，計謀也沒有得逞，反而讓商鞅投靠了秦國，幫助秦國富強。

解厄學

原文

言惡未必惡，審其心也。

譯文

說不中聽的話，未必心懷惡意，要觀察他的心才能驗證。

事典

聽忠告的田齊桓公

扁鵲是戰國時代的名醫，他前往齊國做客，田齊桓公以賓客之禮相待。他入宮覲見，對桓公說：「你皮膚上有病，如果不醫治的話，會變得嚴重。」

桓公笑著說：「寡人沒有病啊！」

扁鵲見他不肯醫治，便退下了。桓公對親近的大臣說：「這個大夫也太愛錢了，連沒有病的人都想拿來邀功。」

五天後，扁鵲又拜見桓公，對他說：「你上次不聽我的話，沒醫治疾病，現在已經進入血脈之中，再不治的話會更嚴重。」

桓公仍堅持己見，說：「寡人無病。」

扁鵲退出後，桓公很不高興，對親近的大臣說：「寡人聽聞扁鵲醫術名揚天下，所以才對他禮遇有加，他不但不心懷感激，反而一再詛咒寡人有病，看來傳聞也不可盡信。」

大臣說：「臣也聽聞扁鵲醫術高超，也許他真能看得出來大王罹患疾病也未可知，大王不妨讓他診治一下。」

桓公不悅道：「寡人有病無病，難道自己還不知道嗎？我看他一定是不懷好意，故意說寡人生病，其實不過是想藉機獲得好的名聲與利益罷了，這種人寡人見得多了，才不上他的當。」

五天後，扁鵲又前往拜見，對桓公說：「現在病已經進入腸胃，若仍是不醫治的話，還會更加的嚴重。」桓公不理會他。扁鵲退出後，桓公非常不高興。

又過了五日，扁鵲又前往拜見，只看了桓公一眼就退了出去。桓公覺得很奇怪，派人去問他是什麼原因。扁鵲說：「桓公所患之病，若是在皮膚、血脈、腸胃，我都還有辦法可以醫治，如今病已經進入骨髓，就算是神仙也無力回天。桓公已經病入骨髓，我再留下也沒什麼用了。」

五天後，桓公果然生了場大病，派人去請扁鵲，他卻早已逃走。桓公很懊悔的對夫人說：

「扁鵲三番兩次說寡人有病，寡人還以爲他口出惡言，心懷不軌，現在看來他是心懷善意，一片好心要替寡人醫治。唉！寡人眞不該懷疑他的用心，早點讓他替寡人醫治，也不會病得這麼重了。」桓公懊悔不已，不久就病逝了。

人物

扁鵲，春秋戰國時代的名醫。本名秦越人，扁鵲是他行醫時的綽號。華佗、張仲景、李時珍並稱中國古代四大名醫。有人認爲扁鵲是古代良醫的稱號，《史記》中所載的扁鵲事跡，指的並非一人。

釋評

人都喜歡聽好話，但往往忘記，眞話往往不中聽。說眞話的人不如說假話的人受歡迎，但是能對我們眞正有幫助的是這些說不中聽話的人，而非是那些只會阿諛諂媚，說些好聽的話卻心懷不軌的小人。只可惜，人們常常聽不進眞話，反而去相信那些說假話的小人，這樣禍患很快就會找上門了。

田齊桓公就是討厭說眞話的人，扁鵲說他有病，卻一直不肯相信，覺得扁鵲是利用他獲得美名。等到他發現扁鵲說的是眞話時，爲時已晚。

名人佳句

良藥苦於口而利於病，忠言逆於耳而利於行。

這句話是孔子所說，出自《孔子家語》。意思是說：「能治癒疾病的藥往往都很苦，人們懼怕苦味而不敢吃。對我們有利的話，往往都不中聽，卻對於我們待人處世有實質的幫助。」沒有人喜歡吃苦藥，就如同沒有人喜歡聽不合心意的話。人難免會有盲點，我們往往看不到自己的缺點，別人看到了予以指出，但因為人的本性就是喜歡受到別人的稱讚，而不喜歡受到別人的批評，所以大多數人都拒絕接受，甚至把指出缺點的朋友列為拒絕往來戶。等到有一天發現，這個缺點已經造成難以挽回的錯誤時，再想要補救，已是為時已晚了。

原文

名勿信，實勿怠。

譯文

不要因爲一個人的聲名遠播就輕易相信，必須從他的實際行爲進行考察，這項工作是絕對不能懈怠的。

事典

強調名實相符的史疾

史疾是戰國時代的人，有一次他代表韓國出使楚國，楚王就問他說：「先生學的是哪一派的學說？」

史疾回答：「我所學的是列子的治國之道。」

楚王問：「列子學說的要旨是什麼呢？」

史疾答：「正名是列子學說的綱領。」

楚王有點懷疑的問：「只是正名就可以把國家治理好嗎？」

史疾答：「可以。」

楚王問：「楚國盜賊很多，先生所言的正名可以杜絕盜賊嗎？」

史疾答：「可以。」

楚王問：「那要如何以正名來杜絕偷竊的行爲呢？」

這時，有一隻鵲鳥飛到屋簷上，史疾就問楚王說：「你們楚國人如何稱呼這種鳥？」

楚王答：「我們叫做鵲。」

史疾問：「那稱牠爲烏鴉可以嗎？」

楚王說：「當然不行，烏鴉是烏鴉，鵲是鵲，怎麼能夠混爲一談呢？」

史疾說：「治理國家也是同樣的道理。楚國任命官員，要求他們必須要清廉、奉公守法，可是現在官吏自己都貪贓枉法，雖然領有官職，卻做著強盜的事情，這樣的官員又與強盜有何分別呢？上面的人自身都無法做出好榜樣，人民當然也有樣學樣，這就是無法杜絕盜賊的原因。這就好像把鵲當成了烏鴉一樣；把烏鴉當成了鵲一樣，名實不能相符。」

楚王說：「先生說得很有道理，但是要怎麼樣才能知道一個官員是否稱職呢？」

史疾說：「很簡單，只要看他的言論與行爲是否一致就行了。有些人名氣很大，可是實際上卻沒有什麼才幹，想要了解一個人是否有眞才實學，除了聽他的言論，還得從他的處事方式來考察，如果名實相符，那麼這個人就可以放心任用了。」

楚王聽了很高興的說：「聽了先生一席話，寡人感到豁然開朗。」

人物

列子，本名列禦寇。是戰國時代著名的思想家，崇尚道家黃老之學。後人尊稱爲「列子」。

釋評

名，指的是虛名；實，指的是實際的行爲。人們在選用人才時，往往都會先去看這個人是否擁有名氣，但我們所倚重的是這個人的實力，而非是他的虛名。但人們往往都忽略這一點，只要聽說這個人名氣很大，就不假思索的信任他，而不去從他實際的行爲上來考察，這是很危險的。因爲名實不見得相符，如果相信一個只擁有虛名卻無實力的人，最後會爲自己帶來危險。舉個例子：我們生病時去求醫，如果只是單純追求名醫，而沒有從他的臨床經驗來驗證的話，若是運氣不佳遇到一個沽名釣譽的醫生，豈不是把自己的生命交到庸醫手中，這是非常危險的。

史疾是重視名實相符的人，他認爲楚國之所以盜賊橫行，是因爲本來應該奉公守法的官吏，卻頂著官吏的虛名，做著貪贓枉法的事情。這樣的官吏，只不過是擁有官吏的虛名，實際上卻做著盜賊的行爲，那這樣的官吏還能稱作是官吏嗎？

名人佳句

循名實而定是非，因參驗而審言辭。

這句話是韓非所說，摘錄自《韓非子·姦劫弒臣》。意思是說：「判斷是非的標準是依據名實能否相符而定，以事實來驗證一個人的言論是否一致。」人們為了達到自己的目的，往往口是心非，所以要判斷一個人的言論之真假，最有效的方法就是看看他說的話與他做的事情是否一致。如果一致，他說的話就可以相信；如果不一致，這個人就是在說謊騙人，絕對不可以相信。

解厄學

原文

君子亦怨，不誤其事。

譯文

君子也有埋怨的時候，不會耽誤事情的進展。

事典

廉頗負荊請罪

藺相如與廉頗都是趙國的臣子，兩人一同侍奉趙王。秦國一直想吞併趙國，還曾幾次出兵攻打趙國。過了不久，秦王派遣使者對趙王說：「秦國想要與趙國交好，在西河外的澠池會面。」趙王怕秦王使詐，在會面時殺了他，就不想前往。

藺相如與廉頗就替趙王出謀劃策，說：「大王如果不去，就說明趙國兵力不如秦國，害怕秦國吞併趙國，這樣秦國更加肆無忌憚，將要派遣兵馬侵犯趙國邊境。」

趙王聽從他們的計策，決定親自前去，藺相如也隨之前往。廉頗送趙王到邊境，與趙王分別時，對他說：「我計算時間，從大王出發到回返，只需三十天。如果大王三十天還沒回來，就請准許我擁立太子即位，斷絕秦國吞併趙國的念想。」

趙王答應廉頗的請求，就和藺相如前往澠池赴會。秦王命人備下酒宴，宴請趙王。宴席上，秦王喝醉酒，就說：「寡人聽說趙王精通音律，請爲寡人彈奏一曲。」

趙王就彈奏一曲。秦國御史就在史書上記載：「某年某月某日，秦王與趙王在宴會上飲酒，命趙王彈琴以娛之。」

藺相如覺得秦王這是趁機佔趙國便宜，決定扳回一城，於是靈機一動，就上前說：「趙王聽說秦王擅長演奏秦國樂曲，可否請秦王敲擊瓦盆，給大家助酒興。」

秦王聽了很生氣的說：「寡人又不是樂師，區區趙王，還敢要寡人爲他演奏樂曲，眞是狂妄。」

藺相如就手持瓦盆，跪在秦王面前。秦王不肯敲擊瓦盆。藺相如威脅說：「如果大王仍不肯敲擊，五步之內，相如就要把血濺在大王身上了。」

秦王身邊的侍衛拿刀架在他的脖子上，想要殺了他，藺相如瞪視著侍衛，厲聲喝斥，他們嚇得不敢上前。秦王礙於形勢，勉爲其難地敲了一下瓦盆。藺相如就召趙國的御史，記下：「某年某月某日，秦王爲趙王敲擊瓦盆作樂。」

秦國的群臣也不甘示弱，就說：「請趙王割讓趙國十五座城池爲秦王賀壽。」

藺相如也說：「請秦國割讓首都咸陽爲趙王祝壽。」一直到酒宴結束，秦王在氣勢上都無法壓制趙王。趙國也在附近布下重兵，防止秦軍有任何舉動，秦王有所忌憚，不敢輕舉妄動。

會面結束後，趙王返回趙國，覺得此行多虧了藺相如才能安然無恙的返國，就拜他爲上卿，地位在廉頗之上。廉頗聽聞此事，非常不高興的說：「我是趙國將領，爲趙國立下無數戰功才有今天的地位，他藺相如不過憑三寸不爛之舌，官位就比我高。況且，聽說藺相如是個小人，地位在這種人之下，我眞覺得羞恥。」廉頗並對外宣稱說：「我若是見到藺相如，一定當面羞辱他。」

藺相如聽說此事後，每逢有廉頗在場的場合，他總是避而不見。藺相如總是稱病不上朝，不想與廉頗爭座位。不久，藺相如外出時，遠遠望見廉頗，就命車伕迴避。藺相如的家臣就勸他說：「臣之所以選擇投靠大人，只因爲仰慕大人品格高尙又重情義。以大人今時今日的地位與廉頗不相上下，廉將軍對外宣告與大人交惡，大人就害怕得四處躲避他，若是尋常百姓尙且感到羞恥，更何況您位極人臣。像大人這樣畏畏縮縮的人，請恕臣愚昧，無法繼續輔佐您，請准許臣辭去職務吧！」

藺相如挽留他說：「你認爲廉將軍與秦王相比孰優孰劣？」

家臣回答：「當然是秦王更勝一籌。」

藺相如說：「憑秦王的威勢，我尚且敢當面喝斥他，辱罵他的臣子，相如就算再愚笨，又哪裡會懼怕廉將軍呢？秦王之所以不敢輕易向趙國出兵，只因趙國有我與廉將軍兩人鎮守。我擔心的是，若我與廉將軍交惡，秦軍尚未兵臨臣下，我們二人就鬥得不可開交，豈不是給了秦王進犯趙國的最佳時機？我是把國家利益放在最前面，把私仇放在最後。」

家臣說：「原來如此，是臣誤會了大人。」

這番話傳到廉頗耳中，廉頗覺得很慚愧，就將此事告知親信。親信說：「我聽說就算是君子，也會有怨恨對方的時候，只要將軍誠心向藺大人道歉認錯，我想藺大人一定會寬恕將軍您的。」

廉頗聽了他的話，就脫下衣服，露出背部，背著荊棘親自到藺相如府邸請罪。廉頗下跪說：「我只是個卑賤的人，不知道大人竟然如此心胸寬廣，在下願意接受您的責罰。」

藺相如就將他扶起說：「廉將軍眞是個君子，既然你能夠誠心誠意的認錯，相如又怎會介懷呢？」兩人終於和好，成爲生死之交。

人物

廉頗，戰國時代趙國人，生卒年不詳。是趙國名將，屢次打敗齊、魏等國。廉頗官拜上卿，與藺相如爲刎頸之交。長平之戰，更令秦軍忌憚而不敢攻打趙國，秦國遂使反間計，離間趙王對廉頗的信任，以趙括取代他，才使得趙國戰敗，後又稱病，導致沒有被趙王起用，病死於楚。

釋評

君子雖然能夠自我反省，檢討自己的過失，然而君子也是人，也會有判斷錯誤，心懷怨恨的時候。但他們總能夠及時省悟，而不會因爲小怨而耽誤了正事。

廉頗對藺相如有些誤解，導致廉頗非常瞧不起他，當廉頗得知他爲人心胸寬大，不爲了私仇而損害了國家利益之後，就非常敬佩他，負荊請罪，請求藺相如的諒解。廉頗能夠及時省悟自己的過錯，並且予以糾正，而不至損害了他與藺相如之間的情誼，這樣知錯能改的行徑，的確是君子才有的高尚品格。也多虧了廉頗及時意識到自己的錯誤，才不至於耽誤他與藺相如聯手對抗秦國侵略的正事，而保全了趙國的利益。

名人佳句

過而不改，是謂過矣。

這句話是孔子所說，出自《論語．衛靈公篇》。意思是說：「犯了錯誤而不願改正，才是最大的過失。」人難免都會有行差踏錯的時候，意識到自己的錯誤，及時改正過來，那麼就不算是犯了過錯。最怕的是，了解自己的錯誤之後，礙於面子、自身利益等等考量，而執意不肯糾正錯誤選擇一錯再錯，那才是真正的過失。

解厄學

原文

小人亦友，不輟其爭。

譯文

小人也有朋友，但不會因爲是朋友就停止鬥爭。

事典

假扮清高的賀琛

賀琛是南北朝時南梁的官員，因爲有才學受到梁武帝蕭衍的器重。他升任員外散騎常侍，原本的尙書坐在南面沒有貂尾裝飾，到了賀琛才開始有了貂尾裝飾，足見梁武帝對他的倚重。不久，他又升任御史中丞，像之前一樣參與禮儀事務。

賀琛受到這等榮寵，許多達官貴人都紛紛上門送禮，賀琛皆是來者不拒，且與他們攀交。賀琛的親信就勸他說：「這些送禮的人，大多是趨炎附勢的小人，大人收了他們的禮物，日後他們若有所求，大人就不好推拒了，不如乾脆就不要收了，與他們劃清界線，也好明哲保身。」

賀琛搖頭說：「既然有不花錢的禮物，不收白不收，至於人情什麼的，要看對本官是否有利，才決定要不要償還這份人情。」賀琛不理會親信的勸諫，他為人貪得無厭，公然收受賄賂，家產越來越多，還把公主的房舍買下來當宅第。有關官員看不慣他貪汙的行徑，就向梁武帝告發，賀琛因此而被免除官職。但沒多久又被起用，梁武帝還對他更加倚重。

當時朝中小人充斥，貪官汙吏比比皆是，政治十分敗壞，賀琛就上奏梁武帝說：「如今朝中貪官汙吏盛行，上行下效，百姓也紛紛效仿，想要讓朝政清明是不可能的事，還請皇上肅清吏治。」

那些被賀琛彈劾的朝臣們得知此事很生氣，就向梁武帝指責他說：「以前我們為了巴結賀琛，前前後後也送了他不少禮物，他也都收下了，怎麼現在又來彈劾我們呢？這樣做人豈不是太沒原則了嗎？皇上，千萬不要聽信這個反覆小人的話。」

梁武帝說：「賀卿私底下收受賄賂，還在朕的面前假扮清高，上奏說朝政腐敗，若朕真要查辦，恐怕也得從賀卿先查起。」

朝臣說：「賀琛自己收受賄賂，卻指出朝臣們貪污舞弊的行為，無非就是想在皇上面前邀功，以謀求更高的封賞，皇上千萬不可中了他的奸計。像他這種只為自己利益著想的人，怎麼可能眞正爲國家社稷著想。」

梁武帝聽了這番話後，十分生氣，就斥責賀琛說：「朕執掌朝政以來，勵精圖治，甚至已經三十年沒與女人同床共寢，政務繁忙時，一天只吃一頓飯，卿現在卻說朝政腐敗，是指責朕這個皇帝昏庸無能嗎？況且，卿所言貪官汙吏橫行，也只是卿一家之言，古代有帝王專聽一位大臣的意見而生出禍亂的，所以朕不能只憑卿的片面之詞就做出決斷。」

賀琛自知觸怒梁武帝，不敢再上書彈劾，自此被梁武帝疏遠。

人物

賀琛，字國寶，會稽山陰人。南北朝南梁官員，精通經學。曾任員外散騎常、侍御史中丞、尚書左丞等職。後因郡中內亂而逝世，享年六十九歲。著有《三禮講疏》、《五經滯義》等書。

釋評

小人的交友，重視的不是情義而是利益。他們是因爲對彼此有利，能互相利用達成自己的目的，所以才結交。所謂的交情，只不過是建立在互利互惠的基礎上，一旦對方沒有利用價值，這段友情也沒有維持的必要了。甚至於爲了利益，小人可以隨時隨地出賣朋友，對他們而言朋友本來就是謀求利益的工具而已。

賀琛是一個貪得無厭的人，別人攏絡巴結他，上門送禮賄賂他，從來不予拒絕。當政治貪汙腐敗了，他為了表示自己是勤政愛民的好官，便上書彈劾這些大臣。這種反覆無常的人，正是小人的做派。

名人佳句

士有妒友，則賢交不親；君有妒臣，則賢人不至。

這句話是荀子所說，摘錄自《荀子．大略篇》。意思是說：「讀書人有忌妒賢才的朋友，賢能的人不會親近；一國之君任用忌妒賢才的臣子，賢臣不會前來效忠。」小人才會忌妒才能比自己賢能的人，他們害怕自己的才華不如別人，將會失去自身的榮耀與信任，所以就會在他人面前詆毀比自己更賢能的人。讀書人如果結交小人為友，真正有才學之士不會前來攀交；當國君的如果有忌妒賢才的臣子，那麼真正的良臣將不會前來效忠。所以，小人是令人畏懼的，結交朋友不可不謹慎。

原文

利可求，遵可守。

譯文

利益可以追求，只要不違背善心即可。

事典

樂於行善的張沐

清康熙年間，張沐任內黃縣知縣。張沐剛上任時，縣內賦稅和傜役分配不平均，張沐就頒布命令，要那些向農民橫賦暴斂田地的所有權人出來自首，沒多久，就沒有田主敢胡亂加收田租了。除此之外，張沐對於那些作奸犯科的人，嚴格的執行刑法以制裁這些不法之徒，很快的縣內就沒有人敢犯法了。

某年，縣內乾旱，田地裡的莊稼都枯死了，農民沒有收成，百姓都沒有飯吃。張沐將自己的財產都捐出來賑災，並四處倡導民眾捐款，還親自拜訪那些鄉紳富豪，請他們借糧給百姓度過荒年，官府負責記下百姓借貸的米糧數量，等到秋季收成時，再讓農民們按照借貸的數量償還。這個善舉幫助許多百姓度過荒年，讓他們不用爲了生計而離鄉背井，搬到其他城鎮去。

張沐更勸導民眾要積極向善，還讓家家戶戶寫「爲善最樂」四個大字，張貼在自家門前以提醒自己，時時刻刻要助人爲樂。有百姓就問張沐說：「大人，我們都知道您樂善好施，您在位期間做了許多造福百姓的好事。可是每個人的家境和財力不同，您要求每個人都要四處行善，這不是有點太強人所難了嗎？」

張沐回答：「我一個人的能力有限，就算終其一生爲百姓造福，能救助的人還只是少數。如果每一個人都像我一樣樂於助人的話，那麼就能造福更多的百姓，何況，幫助別人自己也能得到快樂，這是利人又利己的事情，何樂而不爲呢？」

百姓說：「可是民眾從事各行各業，還是要以賺錢、養家活口爲前提，如果賣燒餅油條的小販，爲了要幫助那些沒飯吃的乞丐，把辛苦做的燒餅油條布施出去，一整天沒有錢進帳，那小販的全家豈不是要餓肚子了？」

張沐說：「我並沒有反對大家追求利益，但是如果在賺錢之餘，也能做點好事幫助百姓，這不是很好嗎？賣燒餅油條的小販，可以把賣不完的燒餅油條贈送給乞丐與窮人，這樣既能夠賺錢，又能夠助人，豈不是兩全其美？有些富商，明明自己很有錢，天天吃大魚大肉，卻不肯把吃剩的菜分給窮人，而選擇浪費的倒掉，這樣既糟蹋糧食又自私自利，如果人人都像這些富商，那麼地方百姓都要愁眉不展了。」

百姓說：「我明白了，還是大人考慮得周到，我這就回去積福行善。」張沐撰寫《六諭敷言》，教導民眾學習，更以淺顯易懂的譬喻讓他們明白其中的道理，就算是婦孺和孩子聽到這些勸人向善的話，也能耳濡目染，每個人都樂於做善事。

後來張沐因為一樁案子被牽連，免除了官職。康熙十八年，左都御史魏象樞向朝廷上奏，說張沐擔任知縣期間頗有政績，希望朝廷可以繼續任用，朝廷便授予張沐四川資陽縣縣令的官職。張沐前往赴任時，途中經過內黃縣，民眾都感念他擔任內黃知縣時所施行的仁政，紛紛在道路兩旁前往慰問，人數多到阻塞道路，使張沐一天僅能走幾公里而已，可見他多麼受到百姓愛戴。

人物

張沐，清朝人。字仲誠，河南上蔡人。清順治年進士。康熙元年，授任直隸內黃知縣，有政績，深受百姓愛戴。康熙五年，連坐免除官職。康熙十八年，重新被朝廷起用，受任四川資陽縣縣令。抵達任所後，剛好遇到吳三桂起兵作亂佔據瀘州，距離資陽縣不過百里，朝廷徵兵的文書絡繹不絕。城中人口不滿兩百，張沐入山招降安撫，斟酌情況調配人手。吳三桂亂事平定後，張沐就辭去官職，告老還鄉。

釋評

人們爲了生活，無論士農工商總是需要有收入才能維生，賺取適當的利益是無可厚非。但若是眼中只有自身的利益，爲了賺錢不擇手段，以傷害別人來達到賺錢的目的，這樣的人就不值得尊敬。眞正樂善好施的人，在賺錢之餘，仍不忘記幫助別人，這樣既能爲生又能助人，實乃兩全其美的最佳辦法。張沐不僅自己樂於幫助百姓，還勸導百姓也要樂於助人，一人的力量始終有限，假若人人都能積福行善，那麼全天下的人都能獲得利益。正是因爲他有這些仁政善舉，才使得卸任之後仍然受到百姓愛戴。

名人佳句

積善之家，必有餘慶；積不善之家，必有餘殃。

這句話是春秋時代孔子所說，出自宋代林栗所撰的《周易經傳集解》。意思是說：「積德行善的人，一定留有德澤可以庇蔭子孫；為非作歹的人，一定會有災禍來給後世子孫。」一個喜歡行善積德的人，必然會得到別人的感恩，別人也會同樣以善行來予以回報，所以即便行善的人死去了許多年後，他的子孫都能夠得到這個福澤。相反的，一個四處為惡的人，別人也會以仇怨來回報，即便這個人死去多年，他的子孫依然遭受世人唾罵。所以我們平時應當多多行善，不要做傷天害理的事情，如此就可以避免災禍發生。

解厄學

原文

惡惑愚不惑智也。

譯文

愚蠢的人容易受到邪惡引誘，而有智慧的人則能抵擋這個誘惑。

事典

不願同流合污的陶淵明

陶淵明是東晉時代的人，他年少時就有遠大的抱負，學問淵博，擅長撰寫文章。他當過好幾次的官，但適應不了官場的生活，沒做多久就辭官回鄉了。他下田耕種，自食其力，但不久染了疾病。家境清寒，家中又有父母要奉養，他只好又出來作官，擔任彭澤縣令，他對朋友說：「我只要賺幾個酒錢就可以了。」

有一次，郡太守派遣督郵來到縣城巡視，他的輔佐官員就告訴他：「督郵大人是郡太守派來的，您應當穿戴好衣帽前往接見，以示慎重。」

陶淵明就嘆口氣說：「現在官場都流行巴結上級長官，我聽說郡太守的品性低劣，經常收受賄賂，欺壓當地百姓，他的下屬想來也不是什麼清高的官員，要我向這種人卑躬屈膝，實在是做不到。」

輔佐官就勸他說：「大人，現在的朝中官員的風氣就是如此，如果您不照著做，若是督郵回去向郡太守說您壞話，那可就糟糕了。」

陶淵明說：「我行得端坐得正，就算他回去打我的小報告，又能奈我何？」他認爲自己一向清廉，從不貪污收受賄賂，不會有什麼把柄落在他們手中。

輔佐官說：「大人若是得罪督郵，很可能會被罷免官職，到時候就沒有俸祿可以養家活口，大人您家中不是很需要這個俸祿來維生嗎？」

陶淵明說：「要我爲了區區五斗米，就得向人卑躬屈膝，看人的臉色過日子，我寧可餓死，也不願低聲下氣的服侍鄉里小人。」

於是後來陶淵明便辭去了官職，回歸故里。

後來刺史王弘到州上任職，聽說陶淵明很有才華，十分仰慕他，親自到陶淵明家中拜訪。陶淵明稱病不前往接見，等到王弘離去後，才對家人說：「我這個人一向不喜歡諂媚那些當官的人，就算刺史親自前來拜見，我也不覺得有什麼榮幸。我就是爲了躲避官場的作派，才辭去官職，幸好身染微恙，才得以過著悠閒的日子。」

王弘爲了見陶淵明一面，常常派人打探他的行蹤，得知他要前往廬山，就派他的舊交好友先在半山腰備好酒宴等候，等陶淵明來了，就邀請他喝酒。陶淵明生性喜歡喝酒，看到有酒喝，便也不推辭，兩人在野外的涼亭中開懷暢飲。這時，王弘才走出來與他相見，高興的喝了一整天的酒。王弘看到陶淵明沒有穿鞋子，就命隨從替他量尺寸，幫他做一雙新鞋。等到要離去時，王弘就問陶淵明是坐什麼交通工具前來，他回答說：「我的腳有病，都是乘坐竹轎出門，要自己走回去也完全沒問題。」就命人將他抬回去，王弘則乘坐華貴的車子，但他看不到陶淵明眼中有半點羨慕的神色。

王弘說：「王某認識許多有才華的讀書人，像先生這樣安貧樂道，不受金錢引誘的人，還是第一次遇見。」

陶淵明回答說：「愚蠢的人才會受到金錢物質的引誘，而去做些貪贓枉法的事情，而有智慧的人，知道什麼應該做，什麼不應該做，所以就算你給陶某再多的金銀珠寶，也不能讓我改變自己的志向。」

王弘知道陶淵明喜好山水，經常在山林水澤旁等候他。在陶淵明窮得沒米下鍋時，也經常接濟他。

人物

陶潛，晉潯陽柴桑人，陶侃的曾孫，一名淵明，字元亮，安貧樂道，不願爲「五斗米而折腰」，出仕做官沒多久，又退隱山林。曾作〈五柳先生傳〉以自喻，世稱「靖節先生」。他所作的〈歸去來辭〉，表明他不願作官同流合汙的心跡，是篇傳誦千古的佳作。

釋評

沒有道德操守的人，往往無法抵禦金錢物質的誘惑，只要給他們一點蠅頭小利，就能夠驅使他們去做違法的勾當。這樣的人是愚蠢的，他們眼中只有利益，全然沒有注意到做貪贓枉法的事，是把自己逼上險境，一旦被抓獲，前程名聲都會毀於一旦。只有智慧的有德君子，知道什麼事情該做，什麼不該做，能夠嚴以律己，所以不屑與小人同流合汙。

陶淵明是一個品格高尚的人，即使家中貧困，也絕對不爲了生計就出賣自己的品德。他是一個眞正有智慧的君子，金錢不能讓他低頭，他寧可辭官退隱，放棄高薪的俸祿，回到田園山林中過著耕種田地的生活，他也很自在愜意。

名人佳句

富貴不能淫，貧賤不能移，威武不能屈。此之謂大丈夫。

這句話是戰國時代孟子所說的，摘錄自《孟子．滕文公下》。意思是說：「富貴不夠迷惑他的志向，貧賤不能動搖他的心意，威勢與武力不能使他屈服，這樣的人才稱得上是大丈夫。」

小人是無法抵抗利益誘惑的，只要給予小人想要的東西，就能讓其做任何事情，這樣的人是沒有節操可言的，也是愚蠢的，以為獲得了利益，實則是把自己逼上險境。反觀君子一開始就立定志向，就算以權勢、金錢利誘他，以威勢與武力欺壓他，都無法使他妥協。看起來君子似乎很笨，拒絕了世俗人夢寐以求的利益，但實則他們堅持自己的操守，不做違背良心的事，這才是保護自己，不使自己遭遇災禍的絕佳方法。

解色學

原文

蓋人物之本，出乎情性。情性之理，甚微而玄；非聖人之察，其孰能究之哉？

譯文

人物的本質在於才能性情。才能性情的眞相，十分玄妙、深不可測；若無聖人的慧眼，又有誰能夠深究其本源？

事典

眞誠待人的劉備

劉備是三國時代蜀漢的開國君主，他待人眞誠和善，平時很少說話，不論高興或者生氣都不會表現在臉上。他很喜歡結交有膽識才能的俠客，有許多人爭相前往投靠他。富商張世平、蘇雙，見到劉備覺得是位有作爲的當事奇才，就捐給他許多金錢，劉備聲勢也逐漸壯大。

劉備與呂布交戰大敗，轉而投靠曹操，曹操很欣賞他，任命他爲豫州牧。

郭嘉對曹操說：「劉備這個人有雄才偉略，甚得民心。他的麾下如張飛、關羽，都是『一夫當關，萬夫莫敵』之輩，甘心爲他赴湯蹈火。依我看，劉備必不甘心久居人下，他一定另有圖謀，丞相千萬不可輕放他離去，要早些去除禍患才好。」

曹操說：「你說的雖然有道理，但百姓將劉備視爲英雄，他走投無路來投奔我，我卻趁人之危將他殺害了，天下人知道了，一定會說我曹操是謀害忠良的小人，如此天下的英雄豪傑還有誰敢來依附我呢？」曹操沒有殺他，劉備趁機逃跑了，後來舉兵反叛，曹操後悔不已。

劉備背叛曹操後，開始了與曹操的對抗，因曹操挾天子以令諸侯聲勢浩大，歸附他的能人異士不少，劉備勢單力薄於是投靠荊州劉表。

劉備幾次勸劉表攻打曹操，都沒有被採納。劉表病逝後，其子劉琮繼任荊州牧，劉琮決定投降曹操，卻不敢告知劉備，劉備知道後大怒，就跑去質問劉琮。劉琮就讓宋忠去見他傳達旨意，當時曹操大軍已經快抵達宛城，劉備十分驚訝的說：「你們這些人怎麼這樣做事的，現在禍到臨頭了，才來告訴我，不嫌太遲嗎？」他拿刀架在宋忠的脖子上說：「我殺了你也難消心頭之恨，我也不屑拆夥前還要殺了劉琮的下屬。」就放宋忠離去。

劉備把曹操將要打來的消息告訴眾將士，他說：「當初投靠劉表以爲都是劉氏子孫，誰知道他的兒子如此不肖，竟然瞞著我投降曹操，如今曹軍馬上就要攻來，我不敢要求諸君與我一同陪葬，你們還是快些逃走吧！」

有一位將士說：「主公說哪裡的話？您平常待人以誠，我們這些人原本出身草莽，可是您從來不嫌棄我們身分卑賤，誠心與我們論交，這些我們都感激在心。現在大禍臨頭，我們都願意跟隨主公一同面對。」

劉備十分感激眾將士的心意。諸葛亮獻策，說：「主公不妨脅持劉琮以及他麾下的將士南下到江陵，或許還有轉機。」

劉備說：「劉表乃吾同宗，他臨死前把兒子託付給我，我如果為了自己活命，而違背當日所做的承諾，將來死後到了九泉之下，還有什麼面目去見劉表。」

劉備就是這樣重情重義的人，所以趙雲、諸葛亮等人都願意為他效命，後來劉備自立為帝建立蜀漢，與曹操、孫權三分天下，鼎足而立。

人物

劉備，字玄德，河北涿縣人。是漢景帝之子中山靖王劉勝的後代，建立蜀漢。東漢靈帝末年，他因討伐黃巾賊有功，被授為安喜縣尉。後與呂布大戰，敗走投奔曹操，後來逃走，自立門戶。他打著復興漢室的旗幟，與挾天子以令諸侯的曹操對抗。

劉備為得賢臣，親自拜訪諸葛亮，最終得到其輔佐。後來又和孫權聯軍大敗曹操於赤壁，取得益州與漢中，自立爲漢中王。後在成都即位稱帝，國號漢，史稱爲「蜀漢」，年號章武。因病崩逝，享年六十二歲，謚號昭烈帝，史稱「劉先主」。

釋評

做善事要發自內心，而非是爲了某種目的而做表面功夫給別人看，這樣的善就是僞善，遲早會被人揭穿假面具，到時候只會失去所有人的信任，就得不償失了。劉備就是個待人眞誠的人，他眞心的與人結交，所以麾下的將士與謀臣都心甘情願爲他效命。

名人佳句

懲惡而勸善。

這句話是春秋時代左丘明所說的，摘錄自《春秋左傳》。意思是說：「懲罰惡人，勸人為善。」人們常常為了一己私欲，而做出傷害他人的舉動，殊不知，終有一天會為自己所犯下的惡行而付出代價。所以，我們要真誠的對待他人，多行善積福，這樣災禍便不會降臨了。

國家圖書館出版品預行編目資料

解厄學 / 晏殊原著，曾珮琦譯註. -- 初版. -- 臺中市 : 好讀, 2019.6 面 ; 公分. -- (經典智慧 ; 66)

ISBN 978-986-178-494-6(平裝)

1.謀略

177 108008234

好讀出版

經典智慧66

解厄學

原 著／晏殊
譯 註／曾珮琦
總 編 輯／鄧茵茵
文字編輯／莊銘桓
發行所／好讀出版有限公司
台中市 407 西屯區工業 30 路 1 號
台中市 407 西屯區大有街 13 號（編輯部）
TEL:04-23157795 FAX:04-23144188 http://howdo.morningstar.com.tw
（如對本書編輯或內容有意見，請來電或上網告訴我們）
法律顧問 陳思成律師

讀者服務專線／ TEL：02-23672044 / 04-23595819#213
讀者傳真專線／ FAX：02-23635741 / 04-23595493
讀者專用信箱／ E-mail：service@morningstar.com.tw
網路書店／ http : //www.morningstar.com.tw
郵政劃撥／ 15060393（知己圖書股份有限公司）
印刷／上好印刷股份有限公司
如有破損或裝訂錯誤，請寄回知己圖書更換

初版／西元2019年6月15日
初版四刷／西元2024年3月20日
定價：270元

線上讀者回函
獲得購書優惠

Published by How-Do Publishing Co., Ltd.
2024 Printed in Taiwan

ISBN 978-986-178-494-6